晶華的關鍵成功因素？
貼近市場的組織結構設計

CEO/ **薛雅萍** Amy
（擔任期間 2008～2017）

▶▶ **主要學歷**

銘傳大學觀光系碩士在職專班
東吳大學日本語文學系

▶▶ **主要經歷**

晶華酒店執行長
晶華酒店企業發展部副總經理

▶▶ **送給兩岸學生的一句話**

不管環境怎麼變化，一定要做一個溫暖的人！

▶▶ **人生最想去完成的三件事**

❶　燒一桌好吃的菜
❷　去紐約旅行
❸　養寵物

關於晶華 · 關於薛雅萍

提到晶華，說它是大家的老朋友也不為過。台北市中山北路旁，許多人記憶裡的晶華栢麗廳 Buffet，是美好又豐盛的饗食體驗。

晶華國際酒店集團在 2010 年自全球知名的卡爾森（Carlson）酒店集團手中，以 17.5 億台幣買下了世界級飯店品牌 Regent（麗晶），這是台灣觀光史上第一遭，一家本土企業竟然能併購全球知名連鎖大飯店品牌，讓人對晶華刮目相看。2018 年，晶華再一次震驚業界，決定將 Regent 51% 股權賣給洲際酒店集團（InterContinental Hotels Group, IHG），自此，「晶華麗晶」的品牌走入歷史，整個集團發展重點重回台灣島內。

經過此次的波瀾，整個晶華的經營績效有相當大起伏，但對於以行銷見長、非常接地氣的晶華，反而淬鍊出另一個動能，迅速恢復元氣，朝下一個機會點大力邁進。

我們個案團隊真的很幸運能專訪到集團執行長薛雅萍。薛雅萍執行長其實不太常見於媒體報導——雖然，她運籌全台灣最大的酒店集團。人生大部分的時間都在晶華的薛雅萍執行長，一路從飯店櫃檯基層做起，我想是環境、機會、老闆賞識，加上自己的努力，磨練成鋼。

據我們近身觀察，感覺薛雅萍執行長其實是相當平實的人。東吳大學日文系畢業，英文也很好，對美學有特別的喜好，曾經一度想離開晶華到設計公司工作，但終於還是留了下來。她平實的個性反映到她的領導風格，我很喜歡她提到她怎麼看待下屬的績效表現——她說她很強調 Team，而這個 Team 的績效好壞，也不是 Revenue Driven 為導向，而是想看到：

「……一個好的領導者怎麼透過他的努力，將團隊好的風氣、好的氛圍、好的向心力帶出來；我也看這個主管他能打造出什麼樣的管理風格，他在這個團隊裡頭，他帶出什麼樣的人才出來。我看的是比較 Long-term 的東西……」

專訪末了，我又問了：「有沒有一句話可以送給兩岸的學子？」

在晶華酒店麗晶精品地下二樓的 Reading Room 貴賓室裡，那種帶點奢華又有設計感的氛圍中，她的回答讓人印象深刻。她這麼說：

「不管環境怎麼變化，一定要做一個溫暖的人！」

這句話，沒有強烈的管理味道，也沒有想像中的八股，但平實的字句卻充滿力量，讓人難忘。

這麼精彩的一個飯店集團，這麼努力的一位執行長，讓我們一起來看看晶華國際酒店集團的精彩……

晶華的
關鍵成功因素？

貼近市場的組織結構設計[*]

「酒店的故事總是非常曲折的。」説這句話的不是別人，正是晶華國際酒店集團（Silks Hotel Group）董事長潘思亮[1]！説起潘思亮與晶華酒店的淵源，得從其父親潘孝鋭[2]開始説起。1976 年，潘孝鋭與美國前財政部長羅伯特・伯納德・安德森（Robert Bernard Anderson），及其友人合資成立中安觀光企業。中途安德森退出，政府找了東帝士集團的董事長陳由豪[3]接手，握有 50% 股權，而潘家只占了 23%。這件事讓早期的晶華都在陳由豪掌控之下，也使得台北晶華酒店延宕至 1986 年才開始動工。

▲台北晶華酒店，晶華國際酒店集團充滿故事性的發展起源

1990 年，台北晶華酒店完工並正式營運，由陳由豪出任董事長，潘家則由長子潘思源當總裁、管理飯店，後因與陳理念不合，出走赴大陸經商，改由原本定居美國的潘思亮回來接任總裁。晶華在兩個家族共治下，表面上看似和諧，但私下潘家對陳由豪獨掌飯店財務大權十分不滿卻又無可奈何，終於，雙方的矛盾在 1998 年晶華上市時爆發。

當時，陳由豪不但動用晶華資源為東帝士集團股價護盤，還想投資自己在北京的不動產，此事讓潘思亮十分不服氣。1998 年 10 月間，就在陳由豪準備依董事會決議召開臨時股東會，要強行通過大陸投資案前，潘思亮突然請辭總裁，遠走美國。

* 本個案係由台灣師範大學運動休閒與餐旅管理研究所**王國欽**老師、輔仁大學餐旅管理學系暨研究所**駱香妃**老師、國立屏東大學休閒事業經營學系暨研究所**陳玟妤**老師與欣聯航國際旅行社（雄獅集團關係企業）總經理**陳瑞倫**博士共同撰寫，其目的在作為兩岸學子課堂討論之基礎，而非指陳個案公司事業經營之良窳。個案內容參考公司實務，並經編撰以提升教學效果。本個案之著作權為王國欽所有，出版權歸屬心理出版社股份有限公司。

多年來，外界一直以為這段「負氣出走記」，是潘思亮鬥輸商場老將的故事，其實背後真相，卻是截然不同。

某知情人士道出這段不為人知的祕辛，「為了打贏這場仗，潘思亮徹夜研究，總算抓到破綻，當時那一場為了通過大陸投資案的董事會，因為董事長陳由豪夫人林富美正在台大醫院剖腹生產，那場董事會也就沒有召開。」就因董事會沒有順利召開，陳由豪口中所謂的「召開臨時股東會」自然也無效。潘思亮找到攻擊點，但是他不動聲色，先去美國，一來將妻小送到美國安頓，二來處理潘家在舊金山 Chevron 企業總部大樓，變現一億美元，儲備豐厚的金源，準備背水一戰。

而晶華董事會方面，包括永豐餘（Yuen Foong Yu, YFY）[4] 何家等晶華股東獲悉董事會並未順利召開之後，也不敢為陳由豪背書。陳由豪自知理虧，不戰而敗，取消臨時股東會，潘思亮復職，接手財務大權，正式切斷晶華與東帝士的財務臍帶。

33 歲的少爺兵打敗政商通吃的商場老將後，沒大肆張揚，反而出奇安靜。2000 年，陳由豪及東帝士集團因房地產遭套牢爆發財務危機，忍痛讓出晶華股權，潘家立即拿出早已備妥的一億美元接手，順勢保住晶華。15 年的坎坎坷坷，歷經千辛萬苦才取得晶華八成的股權，難怪潘思亮回憶起過去開創晶華的故事，會嘆息著說這是個曲折的故事！

歷史發展

晶華國際酒店集團的歷史依據集團策略與發展重心的轉變，大致可分為四個時期，分別是「集團發展期」、「館內餐廳發展期」、「館外餐廳發展期」、「飯店事業發展期」（請參閱下頁表）。

其中第一個分界點是在 2000 年，自栢麗廳（Brasserie）開設之後，開始一連串館內餐廳的規劃與興建；第二個分界點則是 2006 年，收購了達美樂台灣與北京的全數股份，此時的晶華集團開始積極擴展館外餐廳；第三個重要的分界點是 2010 年，晶華以台灣本土酒店集團之姿，收購了具全球知名度的「麗晶」（Regent）酒店品牌，從此之後晶華的發展重心轉移至飯店事業，積極在國外拓展麗晶品牌據點！

最後一個分界點是在 2018 年，董事長潘思亮將「麗晶」（Regent）51% 的股權賣給洲際酒店集團（InterContinental Hotels Group, IHG）[5]，並保有晶華的經營權。2018 年 7 月晶華和洲際成立合資公司 RHW（Regent Hospitality Worldwide），共同經營麗晶品牌，並由持股 49% 的晶華酒店董事長潘思亮擔任董事長，而洲際則拿下除了台灣晶華之外的全球麗晶經營管理發展權。自此，「晶華麗晶」的品牌走入歷史，整個集團發展重點回到台灣島內。

◉ 集團發展期

台北晶華酒店於 1990 年正式展開營運，一年後由現任董事長、當時年僅 27 歲的潘思亮接手。接受十年多美國教育的潘思亮雖以外行人之姿進入飯店業，但處理事情

集團發展期	1986	台北晶華酒店開始動工
	1990	台北晶華酒店正式開幕
	1991	天祥晶華酒店開幕（現為太魯閣晶英酒店）
館內餐廳發展期	2000	栢麗廳開幕
	2001	蘭亭開幕
	2002	Robin's 牛排屋、Robin's 鐵板燒開幕
	2003	館內沐蘭 SPA 開幕
	2004	台北晶華酒店行政樓層（大班）開幕 開始進軍餐飲連鎖市場
館外餐廳發展期	2006	以新台幣 5 億元收購台灣與大陸北京達美樂披薩全數股權 館外餐廳——泰市場、Bando 扮桌會、Wasabi 日式自助餐、日式甜點外賣店 　　口福堂開幕 館內餐廳——三燔本家開幕
	2008	台北園外園、故宮晶華開幕 館內餐廳——晶華軒開幕
	2009	館外餐廳——寶島晶華、捷食驛、三燔美麗華開幕 蘭城晶英酒店、首家捷絲旅（台北西門館）開幕
飯店事業發展期	2010	以新台幣 17.5 億元收購麗晶酒店品牌，當時旗下 Regent 共有六家，分別位於： 　　北京、台北、新加坡、柏林、札格拉布，及特克斯與凱科斯群島 捷絲旅（台北林森館）、太魯閣晶英酒店開幕
	2011	以 260 萬美元（約新台幣 8,000 萬元）售出達美樂大陸全數股權
	2013	捷絲旅（臺大尊賢館）開幕，尊賢館內的餐廳——義饗食堂（Just Italian）開幕
	2014	黑山港麗晶酒店、台南晶英酒店、捷絲旅（花蓮中正館）、捷絲旅（高雄中正館） 　　開幕 館內餐廳——Just V 義泰蔬活食堂開幕
	2015	捷絲旅（宜蘭礁溪館）開幕 館外餐廳——Just Grill 晶華牛排館、晶華冠軍牛肉麵坊開幕
	2016	捷絲旅（高雄站前館）開幕 晶泉丰旅開幕，晶泉丰旅館內餐廳三燔礁溪店開幕
	2017	晶英國際行館（高雄），為御盟集團投資，委託晶華經營
	2018	麗晶 51% 的股權賣給洲際酒店集團，並保有晶華的經營權。晶華和洲際成立合 　　資公司 RHW，共同經營麗晶品牌
	2019	捷絲旅（台北三重館）開幕營運
	2020	晶華將加速轉型為「城市休閒飯店」
	2021	捷絲旅（台南十鼓館）預計開幕營運

▲兼具設計與現代感的台北晶華酒店

充滿彈性，相信自己的員工，授權主管分層負責，並強力控管成本，以利潤中心的組織方式，使晶華酒店設備等軟硬體之規格標準化，降低管理成本，奠定晶華的財務基礎。

10 年後，晶華酒店進入了一個全新的階段，董事長潘思亮開始積極將自己設計及開發新產品的強項發揮得淋漓盡致，晶華進入了第二階段——館內餐廳發展期。

◉ 館內餐廳發展期

2001 年開幕的蘭亭（Lan Ting），裝潢精緻而新穎，以黑色為基底搭配投射大片玻璃的燈光，並融入中國傳統行雲流水的書法藝術，糅合著現代與古典；2002 年開幕的 Robin's，則包含了兩部分，一為完美呈現食材精緻風貌的鐵板燒，二為體驗自在奢華餐飲享受的牛排館。2003 年，簡雅沉靜、品味精品生活的沐蘭 SPA（Wellspring SPA）開幕，隔年，又以業界創舉的先例，以店中

店的概念，打造了台北唯一針對 CEO 級的國際商旅需求飯店 —— 大班（Tai Pan Residence & Club）[6]。其位於台北晶華酒店的 18、19 層，入住的貴賓擁有 24 小時的私人管家，宛如總統級的待遇。

◉ 館外餐廳發展期

企圖心不斷的晶華，於 2006 年斥資新台幣 5 億元，買下達美樂披薩（Domino's Pizza）台灣及北京的全部股權，包含台灣 115 家、北京 7 家達美樂披薩店。透過和國際品牌的合作，嘗試學習其連鎖加盟的標準化作業程序（Standard Operating Procedure, SOP）[7]，以求加快館外餐廳拓展速度，也為未來晶華國際化做布局。因此，收購達美樂堪稱為晶華重大的經營決策，帶領集團進入第三階段——館外餐廳發展期。

2006 年，以重現美食慶典嘉年華的 Wasabi 日式自助餐（Wasabi Dining Bar‧Buffet）及扮桌會（Bando）攻占信義計畫區；另外，泰式 Villa 氛圍的泰市場（Spice Market）、日式甜點外賣店口福堂、主打傳統和風料理的三燔本家（Mihan）也在同年開幕。

在 2008 年則是鎖定大陸來台遊客而開設了故宮晶華（Silks Palace），選址在故宮博物院旁，且將菜色、店內裝潢擺設與故宮文物作結合，提供旅客更精緻的餐食亮點，例如：經典菜色「翠玉白菜」[8]、「肉形石」[9]都做得維妙維肖，使國外旅客來台參訪完故宮後，竟能在用餐時將剛剛所看到的歷史文物吃下肚而嘖嘖稱奇！

▲ 故宮晶華的經典之作——國寶宴

▲ 故宮晶華的經典菜餚，翠玉白菜

到了 2009 年，晶華館外餐廳的拓展重心開始放在桃園國際機場（Taiwan Taoyuan International Airport）[10]。以台菜小吃為主的寶島晶華（Taiwanese Cuisine and Snacks）（已結束營業）及捷食驛（Just Café），都能看出晶華試圖與國際接軌，讓來台的國外遊客能在下飛機的第一時間就接觸到晶華集團旗下的餐飲品牌，打響國際知名度！另外，位於台北美麗華百樂園 5 樓的日本料理店——三燔美麗華同年開幕，推出平實價位的日式餐點來吸引顧客。而飯店事業部門的新品牌——蘭城晶英酒店（Silks Place）及捷絲旅（Just Sleep）西門館也在同一年開幕。

◉ 飯店事業發展期

2010 年，晶華國際酒店集團終於得償所願，董事會以新台幣 17.5 億元收購了國際酒店品牌「麗晶」（Regent）。當時麗晶旗下旅館共有六家：北京（Beijing）麗晶酒店、台北（Taipei）麗晶酒店、新加坡（Singapore）麗晶酒店、柏林（Berlin）麗晶酒店、札格拉布（Zagreb）麗晶酒店，及特克斯與凱科斯（Turks and Caicos）麗晶酒店。

自此，晶華以此為跳板，開啟了與國際接軌的通路，而集團的重心也因此從餐飲轉移至飯店事業，全面進入了第四個階段——飯店事業發展期。隨著階段性策略目標的達成，集團於 2011 年以 260 萬美元（約新台幣 8,000 萬元）賣出達美樂大陸全數股權，而台灣達美樂截至 2020 年已拓展為 157 家門市。

2013 年，第三間捷絲旅 ——臺大尊賢館落成。值得一提的是，尊賢館的館內餐廳不像一般的旅館僅提供房客用餐，而是以五星飯店的模式，在尊賢館內開設新的館內餐廳品牌——義饗食堂（Just Italian），使更多人能接觸到晶華國際集團旗下的義式料理品牌。

2014 年 2 月，高雄、花蓮捷絲旅雙雙開幕，並採行臺大尊賢館的方式，在此兩間旅館內推出旗下新的餐飲品牌——Just V 義泰蔬活食堂，以創意蔬食的無肉料理作為其品牌最大特點。同年，台南晶英酒店開幕；此外，8 月時位於東歐蒙特內哥羅共和國（Montenegro）[11] 的黑山港麗晶酒店（Regent Porto Montenegro）也順利開幕，

▲ 捷絲旅臺大尊賢館內，充滿學風的義饗食堂

包含 45 棟酒店式的住宅，專為富豪提供頂級服務。

2015 年在溫泉鄉——宜蘭礁溪，推出首家捷絲旅溫泉旅館，坐落於礁溪熱鬧商圈旁，以多元的親子設施及室內外的泡湯吸引旅客。館外餐廳——晶華冠軍牛肉麵坊（Champion Beef Noodle）、晶華牛排館（Just Grill）亦在同年開幕。

2016 年，集團首間精品溫泉度假酒店——晶泉丰旅（Wellspring by Silks）在宜蘭礁溪試營運，為旗下晶英酒店品牌的延伸，並有集團內廣受歡迎的三燔進駐，名為「三燔礁溪」，以北海道空運直送毛蟹為主角，設計成頂級毛蟹肆食日式套餐，由集團內五星級廚藝團隊為旅人打造專屬的用餐體驗。

2017 年，集團與高雄御盟集團攜手合作，結合日本頂尖鐵板燒 UKAI 餐飲集團，斥資 33 億元共同打造晶英國際行館（高雄）。2018 年，晶華國際酒店將麗晶酒店與度假村品牌 51% 股權賣給洲際酒店集團（IHG），並通過與 IHG 共同成立合資公司 Regent Hospitality Worldwide, Inc.（RHW），負責經營開發麗晶酒店於台灣以外地區的全球性業務。2019 年捷絲旅（台北三重館）開幕。

從上述歷史發展可以看出，此階段的發展重心在於飯店事業部分，就算有新的餐飲品牌推出，也都將其包裝在旗下新開設的旅館當中。但在退出麗晶的全球酒店市場經營後，晶華顯然又有了一次轉折。

2019 年晶華國際酒店啟動了餐飲升級計畫，投入了更多資金在餐飲事業，斥資改建點心房與烘焙廚房，並陸續改裝 2 樓 Robin's 牛排館與 3 樓晶華軒粵菜餐廳，總投資額超過 2 億元。

除了館內原本的餐廳外，晶華國際酒店也與日本第二大旅遊集團 H.I.S 集團（株式会社エイチ・アイ・エス）[12]旗下全新成立的海外餐飲拓展事業部締結盟約，攜手邀請頂尖的日本餐飲品牌來台發展，並以台北晶華「麗晶精品」為銷售通路。如：北海道人氣厚鬆餅名店「椿 Tsubaki Salon」、日料名店「初魚料亭」、頂級和牛專賣店「樂軒和牛割烹」都在此列。

值此同時，晶華仍積極發展在台灣的飯店品牌，主要以捷絲旅為箭頭，帶上晶

英、晶泉丰旅及晶英國際行館,希望以多品牌策略發展出全面性的品牌架構(Brand Architecture)[13],搶攻飯店業的市占率!

產業分析

◉ 全球旅遊產業持續成長

自 2009 年全球金融風暴之後,全世界的旅遊市場呈現快速增長的趨勢,聯合國世界旅遊組織(UNWTO)預估 2010 年到 2020 年之間仍維持 3.8% 的成長,到了 2030 年,全球國際觀光客將會達到 18 億人次(UNWTO, 2017)[14]。

2018 年全球旅遊市場產值近 1.7 萬億美元,住宿市場除了星級酒店、精品酒店、主題酒店、經濟型酒店等型態外,民宿、短租、帳篷、貨櫃酒店等住宿業態也不斷湧現;2019 年全球旅遊總人次為 123.1 億人次,較前年增長 4.6%,這樣的趨勢帶給旅館產業基本的成長推動力,為全球旅遊的發展注入活力。

以全球前五大酒店集團為例,萬豪酒店集團(Marriott International)為目前全球最大的酒店集團,總部創立於美國,集團旗下涵蓋 30 個品牌,在全球經營 6,906 家酒店,客房總數高達 1,317,368 間。萬豪集團於 2016 年收購喜達屋酒店及度假酒店國際集團,拓展事業版圖後,萬豪酒店又於 2019 年在美國開設「Homes & Villas by Marriott」高級民宿的住宅出租平台,於全球 100 個不同國際市場推出高檔民宿,遍布美國、歐洲、拉丁美洲等地。

全球第二大酒店集團是錦江國際集團(Jin Jiang International Holdings),為大陸規模最大的綜合性酒店旅遊企業集團之一。自 2014 年起,錦江集團花費 14.9 億收購法國盧浮酒店集團(Société du Louvre),快速擴張在全球營運之酒店數量;2019 年錦江集團加速國際化布局,買下美國的麗笙酒店集團(Radisson Blu)。截至 2019 年底,錦江集團旗下之酒店由 2003 年的 105 家發展到 10,000 家、客房數近 100 萬間,分布大陸 31 個省(直轄市、自治區)和世界 120 多個國家。

另外幾個全球酒店業的巨擘,則分別為希爾頓全球酒店集團、洲際酒店集團與溫德姆酒店集團。美國的希爾頓全球酒店集團(Hilton Worldwide)旗下包含 14 個各具特色的飯店品牌,遍布 103 個國家與地區,持有超過 5,680 家飯店,總房數超過 900,000 間。亞太地區近年來是希爾頓集團積極拓展的市場,2018 年希爾頓集團與大陸的碧桂園酒店集團共同簽署戰略合作協議,預計在大陸海南、廣州和鄭州共同籌建飯店,擴大希爾頓集團在大陸的旅遊市場。

洲際酒店集團(InterContinental Hotels Group)創立於英國,目前在全球 100 多個國家和地區營運,經營酒店則超過 5,600 家,客房超過 836,000 間,旗下品牌酒店共有 15 個品牌。2018 年洲際酒店集團從晶華國際酒店集團手中收購晶華酒店及度假村 51% 的股份,並預計將 40 間洲際酒店改為麗晶酒店,將麗晶打造為洲際集團旗下最頂級奢華的品牌之一。2019 年洲際酒店斥資 3 億美元收購六善養生及酒店集團(Six Senses Hotels Resorts Spas)。目前六善集團在全球範圍內管理著 16 家獨具特色的酒店

和度假村,包括馬爾地夫、塞席爾、泰國的閣遙島、阿曼的傑格希灣和葡萄牙的杜羅河谷等地,洲際集團接手經營後,期望在未來10年將六善的全球據點拓展至60餘家,增強洲際集團在豪華酒店板塊中之領先地位。

美國的溫德姆酒店集團(Wyndham Hotels & Resorts),目前在全球80個國家運營21個品牌,包含溫德姆(Wyndham)、溫德姆至尊(Wyndham Grand)、華美達(Ramada)、華美達安可(Ramada Encore)、豪生(Howard Johnson)、戴斯(Days)、速8(Super 8)、栢茂(Baymont)……等多個不同檔次的酒店品牌,總共經營9,200家酒店,客房數量超過809,000間。溫德姆集團近幾年在亞太地區穩健發展,截至2019年在亞太地區經營的酒店已新增173,000多間客房和86家酒店,並且計劃於未來3年內在大陸開設約500家酒店。除了大陸,溫德姆集團也在柬埔寨、泰國等東南亞地區持續開發成立酒店,2019年在柬埔寨的金邊打造溫德姆五星級酒店,同年也與泰國的VIP THAILAND集團簽約,共同成立運營WYNDHAM LA VITA PHUKET這個新的酒店品牌,打造泰國普吉島拉威區最大的五星級頂級海島度假村。

◉ 飯店產業與 OTA 之關係

除了傳統的住宿產業,隨著網路平台經濟崛起,帶動OTA(Online Travel Agency)的發展,也給傳統住宿業帶來挑戰。什麼是OTA?事實上,OTA即我們大家所熟知的線上訂房平台,又稱線上旅行社,OTA將傳統旅行社的業務用科技和網路線上化、透明化,專注於網路銷售,從機票到住宿之預定管理、付費機制的整合,能夠減少門市的管銷成本,並提升員工的平均產出。

隨著科技發展、網路普及,旅遊型態改變,消費者旅遊時不再只透過旅行社購買團體行程,而是傾向自助規劃的自由行行程。OTA則提供消費者更多元的選擇,能減低資訊不對等並加快資訊傳達速度,使消費者能在最短時間內完成交易,而價格競爭力不外乎是鼓勵消費者購買的主因。以目前市值來看,全球三大OTA分別為美國的Booking Holdings(市值約871億美元)和Expedia(市值約200億美元),以及大陸的攜程(市值約183億美元)。

Booking Holdings由Priceline集團成立於1997年,在2005至2007年間起陸續收納全球擁有最大房源Booking.com(約有2180萬個房源),以及Agoda(約200萬個房源)等旅宿訂房平台,擴大訂房的房源;於2008年更名為Booking Holdings,並在2012年與大陸最大的OTA攜程合作,共享房源,藉此拓展到障礙較高的大陸住宿市場。至今,Booking Holdings仍陸續地收購租車平台、旅遊平台,跨領域多方投資。Booking Holdings營運22年期間收購範圍遍布全球四大洲,主力投注於住宿上,2018年總營收中住宿占整體營收87%。未來將跨足機票預訂,將服務導向自家網站,一步一步整合旅行住宿以外的交通、旅遊搜尋、餐飲、訂票、旅遊體驗等需求。

Expedia集團在1996年時由微軟股份有限公司(Microsoft Corporation)投資創立,2003年被美國網路媒體集團IAC(InterActive Corp)收購,而在2003至2005年間吸收了以折扣價出售旅遊產品的旅遊網站Hotwire、全球訂房平台Hotels.com、旅遊社群

TripAdvisor、企業差旅管理公司 Egencia。至 2005 年，IAC 分拆 Expedia 獨立出旅遊業務，並且成立上市公司，上市後 Expedia 在 2005 年的營收達到 21 億美元，淨利潤 2.3 億美元，一舉成為全球最大的在線旅遊公司之一。

Expedia 在 2011 至 2018 年間不斷擴張版圖，除了收購旅遊評論網站 TripAdvisor 外，也與 AirAsia 在亞太地區成立合資公司，提供亞太旅客更多機票、住宿等旅遊商品與服務；2013 年收購了住宿搜尋與預訂引擎 Trivago，同年更與 Travelocity 策略聯盟，2015 年收購民宿網 HomeAway、訂房網 Orbitz，2017 年收購鐵路訂票網 SilverRail，2018 年收購美國兩家新創民宿短租平台 Pillow 與 ApartmentJet，並且將兩平台擴充至 HomeAway 平台中（匯流新聞網，2018）[15]。

2019 年 Expedia 宣布與萬豪酒店集團簽署協議，將由 Expedia 獨家配銷萬豪酒店集團在全球 132 個國家 700 家飯店的躉售業務、促銷房價、庫存，並串連至幾間 B2B（Business to Business）的旅遊平台，例如 HotelBeds、WebBeds 與 MG Bedbank。這些 B2B 旅遊平台串接飯店跟下游旅行社，不直接對終端消費者，避免房間被不法房源轉手販售而造成顧客入住飯店時不便的不良影響。Expedia 透過收購與策略合作強化線上旅遊平台服務效能，擴張旅遊商品供應版圖（環球旅訊，2019）[16]。

大陸的攜程（Ctrip）成立於 1999 年，總部設立於上海，全球化布局策略則是在 2010 至 2016 年間大力邁進，投資台灣易遊網和香港永安旅遊，有效連接兩岸三地旅遊網路。2012 年與 Booking.com 合作共享房源，積極開拓全球市場。攜程在大陸境內擴展腳步更未停歇，2015 年合併「去哪兒」旅遊平台，並戰略投資「藝龍旅行網」，成為大陸最大旅遊集團。2016 年投資印度最大旅遊企業 MakeMyTrip，將觸角延伸至北美洲；同年攜程收購英國機票搜索平台 Skyscanner，完成海外機票市場布局，也改變攜程收益結構。以 2016 年為分界，2015 年攜程收益主要以訂房收入占 42% 為最高，交通票券占 41%，收購 Skyscanner 後交通票券總收入開始超越訂房總收入，2018 年交通票券占 42%，訂房總收入佔 37%（興業證券，2018）[17]；2018 年發展租車業務及機場接送機服務，網站服務包羅萬象，旅遊行前規劃包含 wifi 機出借、簽證、保險代辦等（攜程官網，2020）[18]。

2018 年攜程與雅高酒店集團簽署合作備忘錄，合作的四大重點在於深度突顯雅高的特色、建立雅高旗艦店、交叉培養顧客忠誠計畫及在資訊技術上合作，估計此舉將促進大陸出境旅客成長幅度（每日頭條，2018）[19]。同年攜程成立麗呈酒店集團，並與上海金茂酒店管理有限公司策略聯盟，預計三年內與 30 家飯店聯名合作。攜程透過涉入飯店管理直接取得飯店即時動態並透視市場需求以掌控資源與客源，持續壯大生態系統（環球旅訊，2018）[20]。2019 年攜程與旅遊評論網 TripAdvisor 策略聯盟，藉此聯盟擴張攜程在全球化版圖，而 TripAdvisor 以 TripAdvisor China 品牌之姿深潛大陸市場，攜程旗下品牌包含 Ctrip、Trip.com、去哪兒、Skyscanner 也協議推播 TripAdvisor 內容（新浪新聞，2019）[21]。綜觀上述，攜程建置現代化服務系統讓顧客更加便捷接收服務，包含：海外酒店預訂平台、房量管理

系統、訂單處理系統、國際機票預訂平台、E-Booking 機票預訂系統、客戶管理系統、呼叫排隊系統、服務品質監控系統等（攜程官網，2020）[22]。

同年（2019 年）攜程在上海舉行成立二十週年慶典，將其名字「攜程」改為「攜程集團」，英文名從 Ctrip 改為 TRIP.COM，攜程董事局主席梁建章說明：「Trip 代表『程』，Com 代表『Companion 夥伴』，也可以代表『Company』，代表一群人一起投入一項特別有意義的事業。」截至 2019 年 9 月為止，攜程集團海外用戶數量已超過 1 億，主要來自日本、韓國、美國、新加坡、英國等國，尤其韓國市場的增長非常顯著，用戶增速超過 200%，在東南亞地區的反饋也很不錯，因此攜程更加堅定國際化路徑，希望在未來五年成為全球最大的國際旅遊企業，更加注重高品質和全球化。

綜上所述，不論是傳統的住宿產業或者是平台企業，各大集團無不加快腳步朝全球化布局。

而晶華國際酒店集團目前已暫時退出全球市場的競逐，轉而採取相對穩健的腳步，發揮其行銷及接地氣特長，全力專注於深耕台灣市場之擴張，並進而布局亞太地區，吸引更多此區域的觀光客群。

◉ 亞太地區成長強勁

UNWTO（2019）[23] 統計數據指出，2018 年國際遊客人數達 14 億人次，其中歐洲、非洲與亞太地區的國際遊客到訪人數成長快速，分別成長 6%、7% 和 6%。而在 2018 年大陸地區的國際遊客消費為 2,770 億美元，相當於世界旅遊總支出的五分之一。亞太地區的國際遊客平均消費支出在 2018 年達到 4,350 億美元，亞太地區包含泰國、澳門和日本等成為旅遊收益國前十名。UNWTO 預估全球住宿市場 2022 年將會達到 2,220 億美元，隨著亞太地區旅遊成長趨勢前景看好，亞太地區將成為全球酒店加速布局的地區。

以 2005 年成立的大陸華住酒店集團（Huazhu Hotels Group Ltd）為例，華住酒店集團是大陸第一家多品牌的連鎖酒店集團。華住集團擁有 5,000 多家酒店，遍布 400 多個城市，擁有 10 萬多名員工，旗下經營多個酒店品牌，包括禧玥酒店、花間堂、美崙、美爵、諾富特、美居、桔子水晶酒店、漫心酒店、桔子酒店·精選、全季、CitiGO、星程酒店、漢庭優佳酒店、漢庭酒店、宜必思尚品、宜必思、怡萊酒店、海友酒店等。2019 年 Hotels 雜誌公布的華住客房總數為全球酒店集團排名第 9 位，華住集團與德國第一大本土酒店集團德意志酒店集團（Deutsche Hospitality）完成 100% 股權收購協議，旗下酒店品牌詩德堡（Steigenberger）、MAXX by Steigenberger、IntercityHotel、Jaz in the city、Zleep 加入華住品牌家族，將會進一步豐富華住集團在豪華和高檔領域的品牌路線，並且將華住帶入全球化發展的新階段。

自 2014 年起，華住酒店集團與雅高酒店集團形成長期戰略聯盟，共同開拓亞洲旅遊市場業務。兩家酒店集團在交叉合作後，全球會員數超過 9,000 萬，觸及全球 7,000 多家酒店，從商務差旅到休閒度假的個性化需求，並專注於移動互聯時代的服務革新。華住酒店集團積極投入 IT 建置智慧酒店，推動自助選房、自助入住、零秒退房等服

務，透過推行客戶全觸點策略，透過官網、APP 以及各大電商平台、線上旅行社（Online Travel Agent, OTA）等，服務線上化已成為華住酒店集團關鍵之競爭力。

看好台灣市場，雅高酒店集團旗下的宜必思酒店（ibis Hotels）先後進駐台北及花蓮。宜必思台北建北酒店位於建國北路二段上，飯店位址前身為 RF 比堤商旅，集團承接後重新改裝，由品牌直接經營管理，打造成符合宜必思規格的酒店。客房總數 42 間，所有房客將享有宜必思獨有的 8 小時早餐、自助洗衣房等服務，而華住會員透過指定 App 預訂，還能享有不同時段推出的免費下午茶、雞尾酒等會員福利。另一處，台開集團[24]也與宜必思合作，雙方在花蓮打造「新天堂樂園 2」，以潮流、科技、藝術與建築創新呈現，旅館主打「養生旅居」，將養生村旅館化，房間數達 704 間（間數會下修），完工營運後，將是全球最大、最多房間數的宜必思酒店，旅館未來將適合長租、短租，同時連結國際，也可望吸引並連結宜必思全球會員客群入住新旅館。台開集團董事長邱復生表示，預計 2020 年年底完工，期望在 2021 年農曆年前投入營運。

另一個例子是印度的連鎖酒店集團 OYO Rooms（以下簡稱 OYO）。自 2013 年成立至今（2019 年），OYO 已成為印度最大的連鎖酒店，同時也是全球排名第六大的連鎖酒店。起初是由年僅 18 歲的 Ritesh Agarwal 輟學創立 Oravel Stays，是一個類似 Airbnb，聚集廉價飯店訊息、為用戶提供房間預定服務的網站。網站創立後曾得到美國創業家的獎學金投資，Agarwal 因此得到了和矽谷創業者交流的機會，隨後 OYO 以驚人的速度在全球各地拓展業務，目前版圖橫跨印度、大陸、馬來西亞、尼泊爾與英國，在 350 座城市提供 21 萬種住宿房源供選擇，成為經濟型飯店預訂平台。其中特別值得一提的是 OYO 在大陸市場的快速發展。2017 年 9 月 OYO 獲得華住酒店集團 1000 萬美金的投資。自 2017 年 11 月第一家 OYO 在大陸深圳上線以來，短短僅九個月，透過特許經營、委託管理以及租賃經營模式，在大陸共上線了超過一千家加盟酒店，品牌級別分為 OYO 尊享酒店、OYO 智享酒店，以及 OYO 輕享酒店，客房數量達到五萬間。

OYO 的加盟酒店通常會在原酒店名稱前冠上紅色 OYO 三字作為品牌標誌，而其能在大陸快速擴張，主要的成功原因在於：首先，OYO 加盟條件相對寬鬆，可以接納低至 30 間房的小型酒店；再者，相關加盟費用低，如店長派駐等線下營運管理所需之費用，皆無須額外付費。

傳統的連鎖模式下，品牌方通常都會為加盟店派駐一名店長。店長的職能包括店內人、財、物大小事務，工作量非常大，因此，一名成熟店長往往需要培養 5 年以上。這意味著，人才培養速度在一定程度上成為酒店規模擴張速度的天花板，飯店業績與店長個人能力強綁定，也加大了飯店的經營風險。而 OYO 採取的是總部經營＋模塊化分工的城市團隊經營模式，店長一職由中心經營系統及資產經理、工程改造經理和區域商務經理等多個不同的職能角色合力擔任，其中，酒店效益的提升由總部動態控價、OTA 線上經營和線下銷售等總部經營去支持完成，以中心運營系統和專業化分工團隊替代店長職能。

再者，OYO 的上線時間短；與酒店簽訂合約後，工程團隊即為酒店安裝 OYO Logo 的醒目招牌，並提供系列相關品牌元素，而酒店原有硬件均無需做改變，因此上線週期可以縮短至兩週甚至更短；此外，根據加盟酒店本身不同的風格及需求，提供門店改造等多形式的補貼，一家酒店的補貼預算在 5～15 萬人民幣左右。OYO 目前也與大陸各種大型網絡平台攜手合作，如阿里巴巴、滴滴出行和支付寶等電子平台，這也將為單體酒店持續大規模帶來用戶和訂單，形成酒店業主、OYO 酒店、電商平台、消費者多方共贏的生態圈。

但在 2020 年初，OYO 進行了大量裁員的動作，總部印度團隊 10,000 名員工中，近 12% 員工被迫離職，並且退出印度 200 個城市，未來專注經營其餘 400 個城市的酒店；而在美國及中國部分也進行了業務重組的舉動。OYO 執行長稱此次的裁員是為了向外拓展市場的必要成本縮減，然而 OYO 在短期快速擴張酒店數量，卻未能選擇評價良好的酒店並管理之；也不惜給予用戶大量折扣，但新增用戶多為鐘點消費，並非 OYO 優質目標用戶等，皆有所影響。OYO 全球首席運營官 Abhinav Sinha 表示，透過縮減成本的舉動，希望在 2020 年達成重新調整連鎖店的布局及創建高效的團隊。

OYO 成立的同一年（2013），大陸也成立了亞朵酒店集團。亞朵酒店的核心理念是提倡人文，建立溫暖而有趣的生活方式，亞朵旗下品牌包含亞朵酒店、ATHouse、SAVHE 薩和、ATliving 系列；截至 2019 年為止，亞朵已在大陸 157 個城市布局 350 家酒店，簽約 754 家酒店，亞朵會員人數更高達 1800 萬名。亞朵酒店是如何在競爭激烈的大陸市場快速發展？強調帶給旅客極致住宿體驗的亞朵，每間客房都配置五星級酒店等級的床墊，並提供 50M～100M 無線上網，滿足住客隨時上網的需求。細心琢磨核心用戶體驗考量下，延伸出 O2O 的商業模式，如果旅客喜歡酒店內的某樣產品，都可以手機掃描物品上的條碼在線上購物，然後送貨到家。2016 年亞朵發展 IP（Intellectual property，智慧財產權）酒店合作模式，與眾多知名品牌聯合推出主題酒店，例如以籃球為主題的亞朵 S・虎撲籃球酒店、莎士比亞戲劇為主題的亞朵 THE DRAMA 等，藉由知名 IP 將顧客流量導至亞朵品牌，透過引用跨行業的新要素，帶領亞朵成功快速發展。

根據大陸國家旅遊局《2019 第三季度全國星級飯店統計公報》[25] 顯示，大陸全國共有 10,281 家星級飯店，其中包括一星級 34 家（0.42%），二星級 1,166 家（14.44%），三星級 3,831 家（47.43%），四星級 2,247 家（27.82%），五星級 799 家（9.89%）。

因應競爭需求，大陸地區各大都市興建了非常多的大樓作為高檔旅館經營之用，尤其一線大都市的高檔旅館更為密集。

面對全球大量旅館增加的競爭之下，晶華國際酒店集團如何與各大連鎖旅館業者競爭，將成為晶華進軍全球的重點之一。

◉ 日本來台旅遊市場

2011 年 11 月 10 日，台灣與日本雙方正式簽署「開放天空協議」（Open Skies Agreement, OSA）[26]，預估約可增加一成的台日旅客人次，如此每年大約可增加 21 萬人次的往返。台灣觀光局 2012 年的統計資

料顯示，日籍觀光客數量有 11% 的成長，來台數達 1,432,315 人次。2019 年來台的日籍觀光客達到 200 萬人次的里程碑。

日本是近十年來台第二大客源國，僅次於中國，反觀 2019 年台灣赴日旅遊人數高達 482 萬人次。造成台日觀光人次逆差的原因，包含日本人的護照持有率較低與台灣機位較少，而隨著旅客消費型態的改變，與旅遊產品銷售路徑的不同，使日本遊客來台旅遊景點多集中於交通便利的雙北地區。吸引日本遊客來台的原因包含：台日間密切的歷史因素、鄰近的地理位置、飛行時間短、日語在台的普及以及台日友好的情誼。根據日本的外國旅遊搜尋網站 AB-ROAD 調查指出，2018 年最受日本人歡迎的海外旅遊地點是台灣。而香港動盪與日韓之間的貿易戰，以及日圓匯率相對優勢，成為 2019 年提高日本旅客來台旅遊意願的原因（劉煥彥，2019）[27]。

2019 年，台日觀光高峰論壇，政府與民間攜手在論壇發聲爭取台日交流，交通部觀光局為了加強吸引日本年輕族群來台旅遊，以及創造更多的重遊機會，與日本各大旅行社合作，推出「青春・若旅！台灣へGO！」專案，補助年滿 20 歲並首次辦理護照之日本年輕人訪台遊程旅費折扣，以及贈送限量國際學生 TR-PASS 5 日券等措施，鼓勵日本青年遊台灣。另外也提供獎助方式提升航空業者加開班次，例如日本包機直飛花蓮，以及日本一線、二線城市，如：東京、大阪、名古屋飛台灣的直航班次。為了因應景點不夠多元的問題，觀光局除了推出一系列針對日本市場的形象影片推廣台灣觀光，也和台灣旅遊協會與日本海外促進協議會〔Japan Outbound Tourism Council, JOTC（アウトバウンド促進協議会）〕合作「台灣 30 強世界文化遺產」[28] 評選，主旨為瞄準台灣新的旅遊地區，挖掘文化、歷史、自然等觀光素材並商品化，擴大來台旅客的需求及拓展雙北以外的旅遊新景點。

2019 年觀光旅館營運月報（2019 年觀光旅遊月報，2020）[29] 指出，晶華酒店的主要客源以日本人為主。根據當年度的晶華酒店各地區旅客入住人數統計，日籍旅客共有 129,189 人入住，約占總體各地區入住人數的 44%，是台北地區中最受日本人歡迎的觀光旅館之一，其日籍旅客入住人數僅次於台北凱撒大飯店的 147,826 人。日本客群是台灣觀光飯店產業重要的市場，因此掌握這塊市場並提供相對應的服務，是觀光飯店重要的經營目標。根據交通部觀光局分析，台灣的美食、良好治安都是吸引日客的主要因素，2019 年來台五次的日客占總來台日客約 2 成，重遊率也很高。

在可見的未來，國人赴日或日本旅客來台將持續成長，對觀光產業而言無非是一大利多，加上晶華酒店主要客源以日本客人為主（約占 40%），未來日本將會是個穩定的客源國。

公司現況

從旅館數量及開幕年份等數據分析，晶華國際酒店集團自 2010 年後，因為策略調整，積極投入新旅館之開發，不斷有新旅館開幕，具體年份請參閱晶華國際酒店集團旗下旅館一覽表。

　　至 2020 年，晶華國際酒店集團的主要四個品牌定位分別為：台北晶華酒店為國際五星旅館、晶英為在地五星旅館、晶泉丰旅為度假溫泉旅館、捷絲旅為房間具有五星設備與服務之設計風格旅店。增加旅館數量就是增加營收與獲利機會，集團針對不同市場區隔，在四個品牌的運作上以互補的方式屢創營收紀錄。

品牌	旅館名稱	年代	地點	城市	房間數	餐廳
捷絲旅	台北西門館	2009	台灣	台北市	150	1
	台北林森館	2010	台灣	台北市	70	1
	臺大尊賢館	2013	台灣	台北市	76	1
	高雄中正館	2014	台灣	高雄市	158	1
	花蓮中正館	2014	台灣	花蓮市	98	1
	宜蘭礁溪館	2015	台灣	宜蘭縣	138	1
	高雄站前館	2016	台灣	高雄市	135	1
	台北三重館	2019	台灣	新北市	95	1
	台南十鼓館	2021	台灣	台南市	129*	1
晶英酒店	蘭城晶英酒店	2009	台灣	宜蘭市	193	4
	太魯閣晶英酒店	2010	台灣	花蓮縣	160	3
	台南晶英酒店	2014	台灣	台南市	255	4
	晶英國際行館	2017	台灣	高雄市	147	1
晶泉丰旅	宜蘭礁溪晶泉丰旅	2016	台灣	宜蘭縣	122	2
麗晶酒店	台北晶華酒店	1990	台灣	台北市	538	7
	新加坡麗晶酒店	1995	新加坡	新加坡	440	6
	柏林麗晶酒店	2004	德國	柏林市	195	6
	北京麗晶酒店	2005	大陸	北京市	500	5
	黑山港麗晶酒店	2014	黑山共和國	科托爾灣	86	4
	重慶麗晶酒店	2016	大陸	重慶市	203	5

* 代表預估之數量。

◉ 風格獨特、在地連結的捷絲旅

自從台灣與大陸直航之後,大量台灣與香港、澳門間的機位需要消化。由於台北的交通方便又有各種豐富的美食,吸引許多港澳旅客前來台北度週末。

因應此一趨勢,「Just Sleep 捷絲旅」為晶華國際酒店集團旗下首創之設計型風格旅店,秉持「風格優旅,心細如縷」的品牌精神,使旅人可以親民、實惠的價格,享受媲美五星飯店的優質服務。

目前捷絲旅是晶華在台灣發展最快的品牌之一。以捷絲旅台北西門館為例,它是第一家捷絲旅店,已經開幕十年,2019 年逢品牌創立十周年進行大裝修,房間數由 149 間變為 143 間。減少房間數換來的是更大的公共空間,以打造「西門町的遊樂場」為設計與服務理念,大量融入在地的鄰里特色,塗鴉、霓虹、電影街⋯⋯都融入在設計空間之中,寬敞的公共區域裡更加入了「網美 Friendly」的打卡拍照景點設計;軟體服務面則更強調了西門町商圈導覽以及在地美食體驗等服務。

▲ 童趣設計的捷絲旅宜蘭礁溪館

捷絲旅的目標是要打造西門町的玩樂縮影場域,吸引國內外觀光客入住的同時,也成為城市以及商圈的行銷尖兵。

捷絲旅品牌十年的淬煉,重新定位台北西門館為「社區型精品」(Neighborhood Boutique)飯店,預期將引領新一波設計型酒店在地連結的策略設計思維。

2015 年宜蘭礁溪捷絲旅溫泉旅館開幕時,潘思亮董事長曾表示捷絲旅將成為集團中首個有機會跨足海外的自有品牌,主要鎖定大中華地區的一、二線城市與菲律賓地區(以馬尼拉市為主),預估五年內該品牌要衝到百家的規模。潘思亮董事長同時表示:

「2015 年台灣的觀光市場相當樂觀,但是飯店業的競爭越來越多,逐步走入供過於求,預估台灣飯店業利潤開始會有壓力,但是市中心的飯店業影響應該還好。捷絲旅在台灣以租賃方式為主,海外以加盟委託經營方式為主,相對風險就降低許多。」

▲ 改裝後的西門館,充滿在地特色連結

截至 2020 年,在晶華國際化的腳步放

緩下，捷絲旅仍未走出台灣，不過在台北、花蓮、宜蘭、高雄已有 7 個據點營運中，已有一定的規模；此外，台北三重館在 2019 年開幕，台南十鼓館預計在 2021 年開張，各據點飯店陸續開幕後，捷絲旅各館的客房數加總將突破 1 千間。

◉ 富含文化創意的晶英

晶英酒店（Silks Place）品牌，強調突顯當地人文及在地精神，2009 年首家晶英酒店在宜蘭蘭城開幕。重視家庭核心價值的蘭城晶英酒店，經過長時間的研究找到了消費者對於家庭旅遊最嚮往的元素及最重視的需求，並依此建構一個親子樂園 —— 於 2011 年斥資打造的兒童旅館，讓父母隨著孩子的笑聲找回遺忘已久的童心！其特色如：兒童專屬 Check-in 櫃檯、芬朵奇堡、童心園親子天地等。

其後，2010 年晶華又把矗立在太魯閣、海拔逾 3,000 公尺且曾是蔣中正行館的天祥晶華酒店整修改裝，更名為太魯閣晶英酒店，作為晶英品牌第二間酒店。但地處偏遠的太魯閣晶英酒店實在經營不易，因為平常日與假日的來客數差太多，假日時人潮多，而平常日時常處於「養蚊子」的狀態。

一路慘澹經營，直到 2014 年新的總經理楊雋翰上任後，重新定位太魯閣晶英，縮減團客比例，以降低交通因素影響團客上山；增加散客比例，為了讓散客平常日上山住房也有樂趣，每晚找原住民樂團高歌、在高山環繞中架設野台電影院，使房客可在戶外或坐或躺，欣賞電影、也欣賞另類太魯閣氛圍。並更大幅縮減飯店房間數，打掉小坪數房間、併房成大房型，推升住房品質。餐廳則留中式、西式各一餐廳，強打山上才有的山野滋味。在楊雋翰總經理的經營管理下，太魯閣晶英酒店由虧轉盈，一躍成為集團東部小金雞，晶華國際酒店集團東台灣的最後一具獲利引擎，終於到位。

2014 年斥資 10 億元的台南晶英酒店正

▲ 身處國家公園，群山環繞的太魯閣晶英酒店

式開幕，位於台南熱鬧的西門商圈。台南晶英酒店在四個月試營運期間，平日住房率已逾 70%，其 Robin's 牛排館鐵板燒天天客滿，一位難求。

台南晶英酒店以饒富在地人文風情的軟硬體內裝，於 2015 年初得到世界知名的義大利 A'Design Award[30] 大獎。

除了以上三家酒店外，晶英酒店繼續深耕南台灣。2017 年，晶華麗晶酒店集團與高雄御盟集團攜手合作，並結合在日本連續七年榮獲米其林星級評鑑一顆星的餐飲集團 UKAI（世界唯一以鐵板燒業態獲得米其林星級殊榮）餐廳，一同於台北晶華酒店簽署三方合約，斥資新台幣 33 億元共同打造高雄晶英國際行館（Silks Club）。

2017 年晶英國際行館正式在高雄營運，也是在高雄市鹽埕區長大的潘思亮董事長說：

「高雄晶英酒店是在姊夫李孔文的牽線下，能與御盟集團董事長邵永添共同合作，回到故鄉高雄投資；高雄是繼雪梨和舊金山後，難得有山海合一條件的美麗城市。」

坐落於高雄亞洲新灣區的晶英國際行館，結合時尚、藝術與品味，時尚新穎的客房和套房配有手工製作的床墊和豪華寢具、膠囊咖啡機、藍牙音響和電動窗簾，此外還有免費迷你吧，行館更設有屋頂無邊際游泳池，讓旅客放鬆休憩。精緻的住宿體驗，加上結合御盟集團的美學藝術及引進日本知名鐵板燒餐飲集團特色，一躍成為高雄最好的飯店和餐廳。

然而因飯店定位為「在地超五星級飯店」，致平均房價偏高，加以飯店周邊沒有商圈，致開幕至今住房率僅為三成左右。2019 年嘗試引進懷石料理，鎖定高端客戶，每客 2000 元起跳，期望餐飲能帶動住房率，但效果仍有限。

雖說住房率不如預期，但晶英國際行館的設計理念，仍榮獲許多國際獎項——2019 年世界奢華酒店大獎（2019 World Luxury Hotel Awards）的「奢華藝術酒店」世界首獎（Luxury Art Hotel–Global Winner）以及「奢華全套房酒店」亞洲區首獎（Luxury All Suite Hotel–Continent Winner: Asia）的肯定。

綜觀晶英品牌在台灣飯店市場的操作，創造不少典範；蘭城晶英是親子飯店的典範、太魯閣晶英是風景區休閒飯店典範、台南晶英是文化古都人文飯店典範、晶英國際行館則是米其林餐廳＋星級酒店結合典範。

◉ 精緻享受、休閒度假的晶泉丰旅

2016 年，晶英酒店在宜蘭礁溪將品牌延伸，誕生了晶泉丰旅，坐落於礁溪，與捷絲旅礁溪館緊鄰，共享地緣資源。晶泉丰旅以精品酒店之姿，進軍溫泉度假市場，鎖定的客源為喜歡城市度假、追求靜謐、獨享住宿體驗的客群。飯店並以頂級精品溫泉飯店為定位，客房設計有別市場既有的溫泉度假飯店，且以「晶泉藝術聚落」概念，提供酒店內公共空間，不定期邀請各領域藝術家，透過展覽、裝置藝術或是裝飾巧思，結合在地特有文化或工藝，讓藝術家們的創作得以分享。而其「北台灣第一座頂樓露天無邊際溫泉泳池」亦成為該飯店最大亮點。前執行

長薛雅萍表示：

「晶泉丰旅開幕營運後，集團旗下位在宜蘭地區的捷絲旅礁溪館、蘭城晶英酒店，以及全新的晶泉丰旅，將可以不同的定位、硬體設施與軟體服務，分眾滿足：親子家庭（蘭城晶英及捷絲旅礁溪館）、頂客族夫妻（晶泉丰旅）、背包自由行客（捷絲旅礁溪館）等不同客群的度假旅宿需求，提供全面性服務。」

◉ 亞洲之光台灣麗晶

2010 年 6 月，晶華酒店當時因為與麗晶品牌 20 年的長期合作情誼與默契，決定自美商 Carlson[31] 公司手中收購 Regent 之全球品牌商標及特許權，接手 Regent 在歐洲、亞洲、美洲以及中東地區已簽約之管理及籌建中的旅館經營工作。另擁有位於加勒比海 Regent Seven Seas Cruises（麗晶七海郵輪）的品牌特許權[32]，旗下包含有：Explorer 探險者號（載客 750 人）、Mariner 海洋號（載客 700 人）、Voyager 航海家號（載客 700 人）及 Navigator 領航者號（載客 490 人）等從 56,000 噸至 28,803 噸的四艘遊輪。

來自台灣的晶華酒店買下國際品牌「麗晶」，使得麗晶在全球頂級旅館向來由歐美品牌主導的環境下，成為第一個由亞洲所領導的品牌，意義非凡。

此項投資案不但讓晶華成為首位擁有國際頂級酒店品牌的台灣業者，也讓晶華躋身全球頂級酒店品牌經營管理者之列。麗晶總部設在台北，扮演集團重要核心，而台北晶華酒店則是核心的引擎；台北晶華酒店除了住宿外，也冀望其豐富的餐飲、宴會事業部能進一步拓展，希望全球各據點能相互學習，將台灣經驗向全球放送。

當時，晶華接手麗晶時，品牌還在產品生命週期的導入期，首要之務是在全球快速把點布建起來，期望等到 20 個、30 個麗晶據點建置好之後，經營效率與經濟規模會出現，並預期三至五年後，會看見麗晶開花結果。

薛雅萍前執行長也表示：「Regent 通常一個管理項目一年會有上千萬元的進帳，依照收入結構的不同，淨利約有五成。」[33]

事與願違，在 2018 年 5 月，晶華決定賣出麗晶股份給洲際酒店集團，解決長期虧損的海外麗晶問題，將重心重新擺回台灣市場。

▲ 柏林麗晶酒店名列德國十佳酒店

◉ 集團經營現況

2010 年晶華買下麗晶後，由於合併營收關係，整體營業額有相當大幅度的成長，但自 2010 到 2012 年 EPS（每股盈餘）的成長較為停滯（見下表）。

年份	合併營收	EPS
2008	42.45	9.33
2009	42.99	8.73
2010	52.41	10.16
2011	54.96	10.01
2012	54.29	10.25
2013	57.36	9.69
2014	63.32	8.86
2015	66.76	8.96
2016	68.56	7.53
2017	70.05	8.37
2018	66.76	10.8
2019	65.44	10.58

2014 年集團整體營收首次突破 60 億，主要來自於台南晶英酒店以及花蓮、高雄捷絲旅開幕。但隨著營收的快速增加，並未反映於集團在 EPS 表現上，2016 年的 EPS 來到 7.53，是近幾年的相對低點。這主要的原因在於 Regent 海外品牌的持續虧損，單就歐洲 Regent 各點經營，一年產生的虧損就超過台幣上億元（Regent Berlin 該年虧損即達 81,425,000 元），對晶華產生很大的營運及績效壓力。

2018 年晶華決定壯士斷腕，將 Regent 海外品牌轉賣給 IHG，淨出售利益為 3.68 億元，在此交易案後，晶華除了每年可減少幾百萬歐元之虧損外，尚可認列海外據點總營收之 1.5%～2% 作為品牌授權費。

此一重大決定，也反映在整體的經營績效上，2018 年集團的 EPS 重新回到 10 元以上。

整體而言，晶華酒店在強勁的國際級五星級酒店競爭之下，仍藉由國內不斷之飯店拓點，以及餐飲品牌之創新與開展，其營運整體表現，仍居國內飯店業之首。

2016 年 01 月～12 月						
	客房數	住用率	平均房價	房租收入	餐飲收入	總營業收入
台北晶華酒店	538	73.77%	6,072	881,908,268	1,648,196,889	3,269,156,888
台北君悅酒店	853	64.68%	6,303	1,272,853,758	1,123,922,336	2,697,281,117
台北寒舍喜來登大飯店	688	66.92%	5,777	973,449,521	1,331,493,665	2,575,799,601
台北 W 飯店	405	76.91%	9,241	1,053,502,070	679,052,911	1,950,755,250
國賓大飯店	422	77.61%	3,961	474,744,517	1,117,796,517	1,699,297,634
老爺大酒店	202	83.12%	4,768	292,975,582	305,760,268	681,596,127

（續下表）

2017 年 01 月～12 月

	客房數	住用率	平均房價	房租收入	餐飲收入	總營業收入
台北晶華酒店	538	75.63%	5,682	843,793,180	1,646,843,491	3,178,331,967
台北君悅酒店	853	70.81%	6,072	1,338,183,198	1,193,465,975	2,846,006,158
台北寒舍喜來登大飯店	688	69.84%	5,430	952,299,058	1,236,479,054	2,416,051,047
台北 W 飯店	405	78.63%	8,500	988,030,737	612,666,162	1,803,256,410
國賓大飯店	422	77.89%	3,795	455,297,551	990,480,043	1,542,170,023
老爺大酒店	202	83.9%	4,772	294,534,051	299,095,382	675,534,401

2018 年 01 月～12 月

	客房數	住用率	平均房價	房租收入	餐飲收入	總營業收入
台北晶華酒店	538	80.26%	5,594	881,570,064	1,715,567,907	3,277,400,900
台北君悅酒店	850	74.46%	6,091	1,407,244,214	1,194,465,070	2,924,086,572
台北寒舍喜來登大飯店	688	68.28%	5,088	872,330,453	1,317,748,748	2,418,496,932
台北 W 飯店	405	80.22%	8,661	1,027,126,801	625,567,799	1,864,872,453
國賓大飯店	422	76.19%	3,680	431,869,398	975,370,334	1,503,908,852
老爺大酒店	202	92.32%	4,794	326,335,224	309,043,297	722,137,168

2019 年 01 月～12 月

	客房數	住用率	平均房價	房租收入	餐飲收入	總營業收入
台北晶華酒店	538	81.27%	5,666	904,199,323	1,722,800,741	3,320,168,135
台北君悅酒店	850	72.82%	6,334	1,433,224,625	1,259,491,310	3,034,299,639
台北寒舍喜來登大飯店	688	73.98%	5,087	945,082,269	1,346,048,751	2,560,299,001
台北 W 飯店	405	83.47%	8,783	1,083,797,930	632,915,578	1,939,198,945
國賓大飯店	422	61.18%	3,776	355,827,934	987,575,991	1,431,398,443
老爺大酒店	202	92.89%	4,862	332,989,404	316,102,459	731,798,178

資料來源：中華民國交通部觀光局（2019）。《觀光旅館營運統計月報》。台北市。

台北晶華酒店仍會持續成長，在客房、餐飲都有新元素加入，更新後有價格策略的調整，再加上台南晶英、捷絲旅等新據點加入，都是集團未來主要成長動能。晶華國際酒店集團在近幾年的主力經營，都將資源集中在旅館品牌管理拓展上。

儘管如此，晶華國際酒店集團仍找到可以改變的題材，鎖定在館外餐廳，於 2013 年推出義饗食堂——集團目前唯一的義式自助餐廳。晶華國際酒店集團的原則是每一個新據點都要自負盈虧，不會等到開 5 個、10 個據點才賺錢，因此在選點時會很審慎，不會為開而開、為擴而擴。至 2020 年 6 月為止，晶華國際酒店集團所公告的餐飲事業分別為國宴級特色料理的故宮晶華、台北市唯一一家泰式海鮮自助料理餐廳的泰市場、提供五星級日本定食料理的三燔美麗華、市郊婚宴場地台北園外園、義饗食堂、遍及全台與外島的達美樂披薩、晶華館外全新牛排館 Just Grill，以及顛覆民眾對牛肉麵刻板印象的晶華冠軍牛肉麵坊（請參閱下方晶華國際酒店集團餐飲事業一覽表）。

餐廳名稱	城市	年代	規模
泰市場	台北市信義區	2006	一個樓層，共有四間 villa，容納人數 16 位，及最大包廂一間，容納人數為 66 位
達美樂披薩	全台灣	2006	全台灣 157 家店（截至 2020 年）
故宮晶華	台北市士林區	2008	四個樓層，最大容納人數 850 人
台北園外園	新北市五股區	2008	兩個樓層，三個廳，1 樓大宴會廳可容納 31 桌 10 人大圓桌，2 樓兩個廳則分別可容納 31 桌及 15 桌，總計最多 77 桌，容納人數 770 人
三燔美麗華	台北市大直地區	2009	一個樓層，佔地 120 坪，168 個座位
義饗食堂	台北市大安區	2013	一個樓層，佔地 160 坪，180 個座位
牛排館 Just Grill	台北市信義區	2015	位於誠品信義館 6 樓（72 坪），84 個座位
晶華冠軍牛肉麵坊	台北市信義區	2015	位於微風信義館 4 樓（32 坪），60 個座位

商業模式

商業模式的定義簡言之就是「公司如何賺錢的方式」。全球各地成功的企業，幾乎都有明確的商業模式。在《獲利世代》[34] 一書中，將商業模式定義為：「描述一個組織如何創造、傳遞及獲取價值的手段與方法。」它包括了公司的內部結構、公司所能為客戶提供的價值、合作夥伴網路，以及關係資本（Relationship Capital）[35] 等，實現這一價值並產生可持續盈利收入的各種要素。晶華曾經運用資本運作的模式，採用最適合環境競爭的策略，從減資開始，讓自我體質健全之後，全力發揮經營管理優勢向全球市場拓展。

◉ 輕資產、重管理

台灣觀光業的發展和過去高科技業與傳統產業走向相同的路，從一開始的 OEM[36]、ODM[37]，轉而成為 OBM[38]。

晶華起初是自己蓋飯店，然後委託 Regent 做品牌規劃與管理，並且掛上麗晶品牌。1993 年晶華開始自行管理飯店，但品牌還是靠麗晶；到了 2008 年，晶華正式進入 OBM 時期，開始創立自有品牌，而且採用一般國際飯店集團慣用的多元化品牌策略，「我們要建立一個讓華人引以為傲的飯店國際品牌。」晶華董事長潘思亮道出自己的品牌夢。

潘思亮董事長認為如果想走向國際化，勢必要效法國際飯店集團的「輸出管理」模式，只提供管理 Know-how，而未必要擁有飯店資產，於是在 2000 年時，他提出了「輕資產、重管理」的策略。

輕資產指的是包括台北晶華酒店在內的飯店品牌所使用的土地，都以承租或與建商、業者合作的方式取得，大幅降低投資成本。如此一來，也加速成本回收，使集團不致舉債太多，擁有更健康的財務體質，並且將重心置於管理專業。

為了落實此概念，財務管理的靈活性特別重要，「減資策略」因應而生。「2008 年 7 月 30 日，晶華以 491 元開盤後直奔 500 元，終盤高檔震盪收在 505 元，擊敗宏達電[39]，榮登股王寶座！」當年此新聞一出，跌破許多投資人的眼鏡，誰也沒想到當年一股二十多塊的晶華，竟在短時間內成長了 25 倍，還成為新的股王！但這並非是奇蹟，而是晶華「減資策略」使用得當所致！

所謂的減資策略主要有三種：第一種為「減資彌補虧損」，又為名義上減資，此種減資方式通常用於當公司出現嚴重虧損，保留盈餘為累積虧損時，公司利用減資方式，將股本（Capital Stock）[40] 拿來彌補累積虧損，使每股淨值（Book Value Per Share）[41] 上升，但相對的，股東手上的股本將會減少，因其股東權益（Shareholders Equity）[42] 沒有改變。

在此我們舉一上市公司「南亞科技」為實例說明：至 2014 年 3 月 14 日，股本約新台幣 2396.10 億元，累積虧損達 2338 億，為改善財務結構，宣布減資 90%。

股東權益合計：2396.10 億－2338 億＝58.1 億

減資前每股淨值：58.1 億 / 239.6 億股＝0.24 元

減資金額：2396.10 億×90%＝2156.49 億

減資後股本：2396.10 億－2156.49 億＝239.61 億

減資後每股淨值：58.1 億 / 23.96 億股＝2.42 元

　　第二種為「現金減資」，則是將股份消除並將等同於股本的金額直接以現金返還給股東，而此時每股淨值與每股盈餘（EPS）皆會提升，通常這種減資是因為企業手上現金過剩，且找不到適合投資標的，因此將現金發還給股東。

　　以上市的 IC 設計公司凌陽為例：該公司在 2006 年第四季決定減資 50%，減資前實收資本額為 102.28 億元，在 2006 年前三季的稅後盈餘為 26.26 億元，而股東權益合計為 117.47 億元，則：

減資金額：102.28 億×50%＝51.14 億

減資後股本：102.28 億－51.14 億＝51.14 億

（5.11 億股）

每股退還金額：51.14 億 ÷ 10.22 億股＝5 元

減資後每股盈餘（EPS）：26.26 億 ÷ 5.11 億股＝5.13 元

減資後每股淨值：117.47 億 / 5.11 億股＝22.99 元

減資後股東權益報酬率（ROE）：26.26 億 / 117.47 億＝22.35%

　　第三種為「庫藏股減資」，主要目的為藉由股本減少，期使公司的 EPS 向上提升，或者為了避免公司被惡意併購（Hostile Merger）[43]，或者股權過度稀釋。企業可從股市中買回企業本身的股票，並將其登記為庫藏股，再辦理減資變更登記，將部分股本註銷。

　　晶華國際酒店集團的減資分為三階段，第一、二次都屬於「現金減資」，分別是在 2002 年，減資 50%，共新台幣 21.5 億元，每股退還新台幣 5 元；以及在 2008 年，減資了新台幣 15.56 億，每股退還新台幣 7.2 元，減資比例為 72%，這兩次減資讓晶華的資本額由新台幣 43 億元減少到新台幣 6 億元，並將其 2007 年獲利推上高峰。

　　第三次的減資是在 2009 年，利用「減資彌補虧損」的方式，打掉集團旗下達美樂披薩及天祥晶華酒店（現為太魯閣晶英酒店）所累計的虧損，改善了子公司的財務結構。在這次減資策略中，晶華對達美樂減資新台幣 7,600 萬元，而天祥晶華酒店則減資新台幣 1.7 億元。

　　若晶華第一、二次的減資策略是「瘦身 SPA」的話，那麼這第三次的減資可謂是「健康的減肥療程」，除了控制自身體重（資本額）之外，也將身上的隱疾（子公司的負債）一併去除，使自己的身體（財務狀況）更加健康，為 2010 年併購 Regent 國際品牌之後做最好的布局。

◉ 多元化品牌發展

　　晶華注重的是「品牌」與「管理」的商業模式，在「內部管理」與「外部擴展」兩大構面下訂出三個方向。在內部管理部分，將事業切分為飯店旅館、宴會餐飲、連鎖加盟等三大事業體（參見下頁上圖）。

　　而在外部擴展部分，晶華國際酒店集團也訂出了頂級豪華的「Regent 麗晶酒店」、中高價位的「Silks Place 晶英酒店」、「Wellspring By Silks 晶泉丰旅」、平價的

▲ 晶華國際酒店集團的三大事業體及旗下品牌

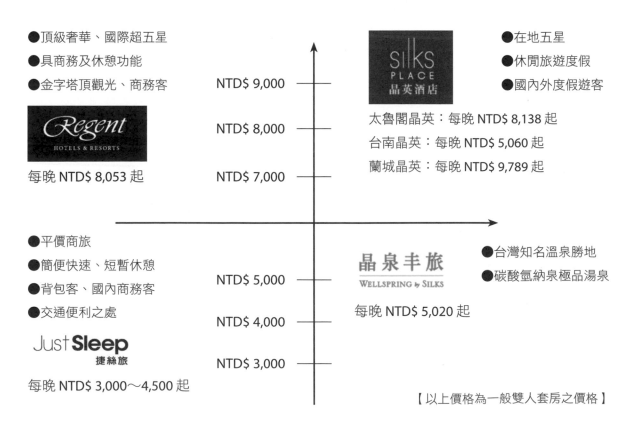

● 頂級奢華、國際超五星
● 具商務及休憩功能
● 金字塔頂觀光、商務客

NTD$ 9,000

NTD$ 8,000

每晚 NTD$ 8,053 起

NTD$ 7,000

● 在地五星
● 休閒旅遊度假
● 國內外度假遊客

太魯閣晶英：每晚 NTD$ 8,138 起
台南晶英：每晚 NTD$ 5,060 起
蘭城晶英：每晚 NTD$ 9,789 起

● 平價商旅
● 簡便快速、短暫休憩
● 背包客、國內商務客
● 交通便利之處

NTD$ 5,000

NTD$ 4,000

每晚 NTD$ 3,000～4,500 起

NTD$ 3,000

● 台灣知名溫泉勝地
● 碳酸氫納泉極品湯泉

每晚 NTD$ 5,020 起

【以上價格為一般雙人套房之價格】

▲ 晶華國際酒店集團四大旅館品牌市場定位圖

「Just Sleep 捷絲旅」等四大品牌；這些品牌各自吸引不同目標客群，有著不同的市場區隔及市場定位。

從晶華國際酒店集團四大旅館品牌市場定位圖（參見上頁下圖），即可明確看出四個獨立品牌（Regent、Silks Place、Wellspring By Silks、Just Sleep）在定位、主要訴求、目標客群、地點及房價的主要差異及市場區隔。晶華國際酒店集團採取多元品牌發展的商業模式，可同時在前述的不同定位與區隔市場，透過旅館及餐飲獲利。

◉ 關鍵成功因素

在「輕資產、重管理」以及「多元品牌」兩種力道同時運作下，背後推動的關鍵成功因素，薛雅萍這樣表示：

「貼近市場，隨時去從一個創新的角度思維，我想這個應該就是 Innovation！」

創新，幾乎是每家企業都會喊的口號，但創新在晶華絕非是天馬行空，是從董事長以下，所有主管透過公司的機制長期培養，觀察消費者，關心社會脈動與自身產業產生的變化，所產生的貼近市場反應與思維。

為了達到貼近市場這樣的動能，晶華國際酒店在組織結構上有獨特的設計機制，亦即，除了各飯店品牌有其業務團隊，集團的行銷業務與營運則是獨立在董事長之下，直接跟董事長匯報；另設有「概念總裁部門」與「設計部門」亦直屬董事長。

此外，最特別的是，每週二下午由董事長親自主持為期一個半至兩個小時的行銷會議。晶華的行銷會議與一般傳統或較保守的公司不同，傳統公司會議中主管僅是在底下聆聽老闆在台上布達或傳遞訊息，往往是被動地接受訊息，但在晶華的會議中有許多讓主管發言的機會。這也代表著每週行銷會議前，主管必須做好準備，蒐集市場上相關資訊，深入了解市場之動態，久而久之，這種機制強迫主管們養成隨時觀察市場變化的能力。針對這樣的開會方式，薛雅萍提及：

「我們行銷會議，很多機會都是要員工說話的，如果你對於你自己這塊領域的市場變化或觀察，你沒有用心的話，你是根本開不了口的……」

此外，會議中除了主管出席，有時也會請副主管或主廚列席；以主廚列席為例，一般餐飲業多由餐飲主管傳達老闆的要求給廚師，廚師接收訊息後執行。晶華每週的行銷會議由董事長主持，同時也讓副主管、主廚有機會直接參與公司行銷會議，這是晶華與其他飯店相當不同的地方。

重要的會議參與對員工而言是項好的訓練，透過會議制度讓公司重要幹部有溝通、交流與分享的平台，不同品牌、部門的人都可以了解各領域的市場變化，以及不同品牌的因應方式，回到自己的崗位可以進一步發揮及應用。

除了每週固定會議需要主管帶著新點子來與公司同仁分享外，在激發主管創意上，晶華也有其特殊的運作方式，舉例來說：餐飲主管有帶著主廚試吃新開幕餐廳的習慣，觀察了解不同餐廳的菜色和營運方式，作為拓展餐飲品項的參考。

另外，晶華也鼓勵主管多閱讀，由執行長帶頭作模範，每週到書店一次，若是對一般書籍沒有興趣，就從雜誌下手。雜誌是即時性的刊物，可藉此了解最新的市場變化或是市場出現的新現象。透過書籍雜誌所帶來的啟發充實自己，並多關心生活周遭的事物，讓腦袋不停轉動，創意的思維也就隨之而來。從執行長做起，進而影響各部門高階主管，這樣的概念也逐漸成了晶華的文化，「貼近市場」及「創新」不再只是老闆的口號，已是各主管身體裡的 DNA，而這個習慣的培養是需要靠時間去累積的。

未來挑戰與機會

曾經，晶華國際酒店集團想以台灣為基地，將版圖擴展到全球各地區，當時薛雅萍認為：

「我想台灣大多數企業，其實都還滿區域性的，對於全球許多的市場，我們不管是經驗也好，或者是 Knowledge 也好，其實所知都是非常有限的。所以當晶華要跨到這樣一個全球的平台，我覺得我們的挑戰是在於如何能很快速地把網路建置，然後在每一個區域都有一個系統被建置起來，對於該地區市場的靈敏度或是知識累積，能夠有一個機制建立起來。」

然而要建立完整的機制，根本關鍵還是在於人才，擁有國際級人才方能經營國際級企業。儘管全球布局與發展不斷地加速，但是國際型人才的供給缺口卻如同韁繩般限制了晶華國際酒店集團的國際拓展速度。薛雅萍前執行長即認為：

▲薛雅萍前執行長認為系統建置、
　國際化人才培育是發展關鍵

「過去的 10 年 20 年，在台灣其實觀光業並沒有吸收到最好的人才；但隨著大環境對這個產業及人才看法的正向改變，未來如何讓高學歷的優秀人才在集團找到自我定位及發展是另一個挑戰……」

2013 年晶華更推出「國際菁英培育計畫」。由於華人在全球觀光市場掀起風潮，薛雅萍前執行長有感於台灣飯店管理人才視野過於狹隘，難以在國際市場上競爭，經由這次的人才培育計畫，透過 15 個月的專業訓練，選出 10 位菁英人才——除了中英文能力優良外，也必須通過職能的檢核，並接受集團高階主管的嚴密訓練，培養出具備國際觀及專業國際素養的管理人才。

◉ 國際化人才的培育、國際化的夢想，在晶華並沒有熄滅

2018 年 3 月晶華將麗晶除了台灣以外的全球經營權出售給和洲際酒店集團（IHG）共同成立的合資公司 RHW。晶華不用再消耗資源拓展麗晶品牌，除了紓緩財務壓力，

亦能全神貫注於台灣、大中華及日本市場；而透過此交易，晶華與 IHG 成為合作夥伴。

2010 年晶華買下麗晶品牌後，經過多年時間檢驗，發現投資報酬率並不高，無法為晶華股東創造更大的價值。麗晶是全球品牌，飯店分布於各大洲，但跨洲管理的難度高，戰場一下拉得太大，反而拖慢晶華發展自主品牌的腳步。反觀 IHG 是全球飯店業巨頭，晶華與 IHG 成立合資公司 RHW，晶華持股 49%、IHG 持股 51%，共同經營麗晶品牌，由 IHG 拓展麗晶國際業務，等於是站在巨人肩膀上，讓自己有不同的視野。

晶華目前在飯店及餐飲的品牌經營步伐，仍在台灣島內大力邁進，未來能否有機會再次走入國際？答案是仍然不易。

國際傳統的大品牌，IHG、Marriotte、AcorHilton、Hyatt……等，挾著雄厚的資金及經驗在全球布點，而快速崛起的亞洲及大陸酒店集團，如：華住、錦江、亞朵、OYO 則在亞洲各地攻城掠地。

展望未來，晶華走上先前規劃的全球之路或者進軍大陸，都有太多變數與挑戰；日本或者東南亞市場也許是在全球大陸市場折衷之下，最有可能之選擇。

然而 2020 年初的新冠肺炎（COVID-19）疫情，似乎打亂了全球觀光產業的布局與發展，當中晶華亦受到重創。晶華集團 2020 年 3 月營收 2.96 億元，較 2019 年同期營收 5.07 億元下滑 41.52%，創 2012 年 12 月以來新低。而若以台北晶華酒店為例，受此影響，住房率從過去平均 8 成，直線下滑至低於 2 成。

受此大環境影響，國內外客人皆不上門，董事會也提出緊急應變方案，決議除了董監事不領去年酬勞外，副總級以上主管也全面減薪 30%，由高階主管帶頭做起，顯示晶華自救決心。董事長潘思亮更帶領晶華積極規劃轉型課程，以保障全體同仁工作權益為首要目標，齊心對抗新冠肺炎帶來的困境，並為晶華厚植未來發展實力。

2020 年 3 月，晶華集團首創與公部門聯手，開出「轉型培訓課程—晶華酒店專班」。潘思亮董事長強調，「轉型培訓課程」給了晶華酒店很大啟發，並提供晶華一個機會成為「學習性組織」。公司裡的每一位主管都是老師，透過「角色扮演」、「當職訓練」或是「職場導師」等不同學習模式，達到教學相長目的。

而這件事也意外地實現了潘思亮董事長的夢想，他提及：

「轉型培訓課程意外地實現了我的夢想，我的夢想是辦學校，把晶華變成一個教育組織。」

面對全球疫情危機，晶華主動出擊，從減少人事成本、飯店環境防疫措施，直至與政府聯手的觀光產業培訓計畫，晶華國際酒店集團面臨此次全球危機，一再地考驗著經營者的智慧。

而未來是否如全球觀光餐旅產業的引頸期盼，在疫情之後將有所謂的「報復性消費」，目前不得而知，但若能抓住此機會，晶華能創造出另一波企業的高峰與新面貌是可以期待的。

討論問題

・假設你是飯店的專業經理人，從飯店集團的角度來看，你認為賣房間好，還是賣餐飲會比較好？在 2020 年疫情的衝擊下，你會改變原來的想法嗎？

・晶華國際酒店集團一直秉持著「輕資產、重管理」的策略，你認為這樣的策略，適用於何種條件的飯店？採行後又可能遭遇何種困難？

・這幾年陸續有台灣觀光相關產業進軍日本市場，如：嘉新水泥在沖繩投資 Hotel Collective；微熱山丘、春水堂、蜷尾家在東京展店。如果晶華國際酒店集團要進入日本市場，你覺得用哪個品牌比較有機會？

個案注釋與**參考文獻**

1　潘思亮（1965 年～）：已婚，育有兩女，美國哥倫比亞大學企業管理碩士畢業，曾擔任晶華酒店總裁、瑞士信貸投資銀行分析師，現為晶華國際酒店集團董事長，其父親潘孝銳為昔日高雄拆船大王。

2　潘孝銳（1920 年～2013 年）：生於大陸福建福州，台灣企業家，早年在高雄市經營拆船業，包括二次世界大戰後許多美國退役軍艦、荷蘭「新阿姆斯特丹號」客輪，有拆船大王之稱，後創辦晶華酒店。

3　陳由豪（1940 年～）：是一名企業家，曾任中國國民黨中常委，為東帝士集團創辦人兼前總裁，集團經營面涵蓋石化、化纖、紡織、土地開發、建築建材、不銹鋼、地毯、旅館、百貨、金融等生產和服務領域，但由於擴張速度太快，事業觸角過多，導致旗下不少企業出現財務危機，集團於 2001 年宣布倒閉。在 2001 年東帝士集團宣布解散後，陳由豪即留下了 623 億新台幣債務給銀行，資產遭銀行拍賣，之後潛逃大陸，並以所持的美國護照往來於大陸與美國之間。2013 年，我國法務部表示，曾多次透過協商管道，向大陸要求遣返，但因為陳由豪已獲陸籍，在兩岸司法互助協議中有「己方人民不遣返」，因此未得到大陸方面的同意。內政部表示將註銷其台灣戶籍。陳由豪於 2016 年被發布通緝，通緝時效至 2021 年。

4　永豐餘（Yuen Foong Yu, YFY）：創立於 1924 年，創辦人為何傳（信誼）先生，現任董事長為何奕達，是一家造紙企業，橫跨文化用紙、工紙紙器、家庭用紙三大事業領域，擁有上游（林業、紙漿）、中游（造紙）、下游（印刷、包裝、設計）完整產業鏈，貫徹林、漿、紙、設計、印刷垂直整合，發揮整合綜效。永豐餘為全球前 50 大造紙企業，目前事業群發展跨足造紙、科技、金融、生技、公益教育等領域，秉持綠色環保理念與時俱進，期盼能樹立環保企業永續經營的典範。以旗下的永豐餘生技事業體為例，1998 年永豐餘生物科技在台灣宜蘭成立南澳豐園農場，致力於栽培各種有機的食材，積極推廣自然和有機生活；在 2007 年將有機食材從農田直送餐桌，設立有機鍋物料理餐廳，於 2012 年轉型成立「齊民市集」有機鍋物連鎖餐廳，讓顧客可以直接在餐廳享用永豐餘自家農地生產養育的新鮮蔬果肉品，帶給消費者既健康又安全可口的好味道。

5　洲際酒店集團（InterContinental Hotels Group, IHG）：全球化酒店集團，在全球一百多個國家和地區營運，特許經營酒店則超過 5,400 家，客房超過 809,000 間。洲際旗下的酒店品牌

有洲際酒店及度假村（InterContinental Hotels & Resorts）、麗晶酒店及渡假村（Regent Hotels & Resorts）、金普頓酒店及餐廳（Kimpton Hotels & Restaurants）、華邑酒店及度假村（Hualuxe Hotels and Resorts）、逸衡酒店（Even Hotels）、假日酒店及假日度假酒店（Holiday Inn）、皇冠假日酒店（Crowne Plaza Hotels）、智選假日酒店（Holiday Inn Express）、英迪格酒店（Indigo）。在台灣目前有高雄中央公園英迪格酒店（Hotel Indigo Kaohsiung Central Park）、新竹科學園英迪格酒店（Hotel Indigo Hsinchu Science Park）、台中公園智選假日酒店（Holiday Inn Express Taichung Park）、桃園智選假日酒店（Holiday Inn Express Taoyuan）與台北假日度假酒店（Holiday Inn East Taipei）、台南大員皇冠假日酒店（Crowne Plaza Tainan）、台北大安金普頓酒店及餐廳（Kimpton Hotels & Restaurants）。

6　大班（Tai Pan Residence & Club）：位於台北晶華酒店 18 及 19 樓，於 2004 年 5 月 1 日正式開幕，是台北第一、也是唯一針對 CEO 級及國際商旅的需求，從硬體設施到軟體服務、且各面向均著手整建的全管家飯店（All Butler Hotel）；同時，也是全台第一家以店中店（Hotel within a hotel）概念經營的全私人管家飯店。

7　標準化作業程序（Standard Operating Procedure）：一般簡稱 SOP，意指對於經常性或重複性的工作，為使程序一致化，將其執行過程予以統一明確並詳細描寫之一種書面文件；目的在於減少人為錯誤、建立高品質保證的管理制度。

8　翠玉白菜：清朝文物，是台灣國立故宮博物院所珍藏的玉器雕刻，長 18.7 公分，寬 9.1 公分，厚 5.07 公分，利用翠玉天然的色澤雕出白菜的形狀，菜葉上還雕有兩隻昆蟲，一隻是螽斯，一隻是蝗蟲，都是「多子多孫」之象徵。其與毛公鼎、肉形石被前來參觀的旅客合稱為心目中的「故宮三寶」。

9　肉形石：肉形石是清朝時期的一個宮廷珍玩，長 5.73 公分，寬 6.6 公分，厚 5.3 公分，現存於台灣國立故宮博物院南部院區。其由來是一塊自然生成的瑪瑙，瑪瑙生成過程中受到雜質的影響，呈現一層一層不同顏色的層次，外觀看過去就像一塊肥嫩的東坡肉，因而稱「肉形石」。

10　桃園國際機場（Taiwan Taoyuan International Airport）：是台北的聯外國際機場，也是台灣主要的國際客運出入機場，現今共有 88 家航空公司經營定期航線、飛往全球 40 個國家的 167 個航點，年均旅客流量超過 4,600 萬人次；根據 2018 年的統計，其客運吞吐量位居世界第 36 位，貨運吞吐量則居世界第 8 位。位於台灣西北部的桃園市大園區，與台北另一座聯外機場松山機場不同，桃園機場僅經營國際航線。由於世界各國與台灣之間的航線大部分在此起降，各國航空公司的航線及航線圖上經常將之標示為「台北機場」。

11　蒙特內哥羅共和國（Montenegro）：又稱門的內哥羅或黑山共和國，位於巴爾幹半島西南

部、亞得里亞海東岸上的一個多山小國，國土面積 13,812 平方公里，人口數約 64 萬。原爲南斯拉夫聯邦的一部分，2006 年脫離聯盟而獨立，境內主要是山脈、丘陵，只有沿海地區爲狹長平原，沿海城市是旅遊發展的焦點所在。

12 H.I.S 集團（株式会社エイチ・アイ・エス）：H.I.S 集團成立於 1980 年，集團事業範疇涵蓋旅行社、飯店、主題樂園、機器人與能源，在全世界 71 個國家、296 個城市設有 552 個據點。單是 H.I.S 每年操作日本人赴海外觀光旅遊的對接旅行社就有 7000 家，海外旅遊事業年營收超過 4000 億日幣。爲協助日本餐飲業者赴海外拓展，H.I.S 新近設立「海外餐飲拓展事業部」，爲集團旗下最新事業體。H.I.S.於 2018 年初投資旅遊體驗電商平台 KKday 總金額約台幣 3.15 億。H.I.S.仍主攻帶日本人去海外旅行（outbound），但 KKday 是把香港、台灣的旅客帶到日本，在市場上可以跟 H.I.S.互補。另外，H.I.S.也將 KKday 視爲策略合作夥伴，特別是將亞洲地區的行程提供給 KKday 販售，KKday 成了 H.I.S.銷售旅遊行程的管道之一。

13 品牌架構（Brand Architecture）：品牌架構是用來組合品牌角色和組織結構之間的關係。形式可區分爲三類：(1)單一模式：企業所有的分支都使用共同的名稱和同一套視覺系統（例如，文華東方酒店、星巴克）；(2)背書模式：企業擁有不同品牌，但每個品牌的產品都有企業名稱的背書和視覺風格（如，老爺酒店集團旗下的老爺酒店、老爺行旅、老爺會館；寒舍餐旅集團旗下的台北寒舍艾美、寒舍樂廚、寒舍樂樂軒）；(3)多元化模式：企業擁有不同的品牌與商業識別，或者它們各自之間是沒有關聯的（例如，王品集團旗下的西堤、陶板屋、品田牧場等；晶華國際酒店集團旗下的晶英、捷絲旅、晶泉丰旅；雲朗觀光集團旗下的君品、雲品、翰品、兆品等）。此外，上述三種品牌架構模式並沒有嚴格區分，因此在許多面向都有相互關聯。

14 引自 UNWTO (2017). *Annual Report*, 2017 Edition. UNWTO Annual Report：爲聯合國世界旅遊組織提出之年度報告。主要可以從中得知更多旅遊觀光產業的現況和經濟增長的貢獻，以促進世界各地之發展。

15 引自匯流新聞網（2018 年 10 月 29 日）。〈旅遊短租商機正夯！Expedia 收購 Apartment Jet、Pillow 與 Airbnb 打對臺〉。資料來源：https://cnews.com.tw/002181029a03/

16 引自環球旅訊（2019 年 9 月 19 日）。〈万豪与 Expedia 签订独家分销协议，酒店批发市场或面临大洗牌〉。資料來源：https://www.traveldaily.cn/article/131846

17 引自興業證券（2018 年 10 月 22 日）。〈最优客源在手，深度闭环全球化在线旅游〉。資料來源：http://pdf.dfcfw.com/pdf/H3_AP201810231219049916_1.pdf

18 引自攜程官網（2020 年 3 月）。資料來源：https://flights.ctrip.com/international/search/dome stic?allianceid=4899&sid=155997&utm_medium=google&utm_campaign=pp&utm_source=googlep pc&gclid=CjwKCAjw4MP5BRBtEiwASfwAL58n-HfIaj01Disl6LlvmYhyUfEtPe6a7Yi-Izq04tm YHkhxWiyoyBoCSc4QAvD_BwE&gclsrc=aw.ds

19 引自每日頭條（2018 年 4 月 20 日）。〈攜程與法國雅高酒店集團合作　將開設雅高旗艦店〉。資料來源：https://kknews.cc/zh-tw/travel/jjparze.html

20 引自環球旅訊（2018 年 10 月 9 日）。〈携程旗下酒店品牌丽呈落地扩张，跨界物种这一次能成功吗？〉。資料來源：https://www.traveldaily.cn/article/124736

21 引自新浪新聞（2019 年 11 月 7 日）。〈攜程集團與 TripAdvisor 宣布達成戰略合作〉。資料來源：https://news.sina.com.tw/article/20191107/33234144.html

22 引自攜程官網（2020 年 3 月）。資料來源：https://flights.ctrip.com/international/search/dome stic?allianceid=4899&sid=155997&utm_medium=google&utm_campaign=pp&utm_source=googlep pc&gclid=CjwKCAjw4MP5BRBtEiwASfwAL58n-HfIaj01Disl6LlvmYhyUfEtPe6a7Yi-Izq04tm YHkhxWiyoyBoCSc4QAvD_BwE&gclsrc=aw.ds

23 引自 UNWTO (2019). *Tourism Highlights*, 2017 Edition. UNWTO Tourism Highlights：爲聯合國世界旅遊組織提出之世界國際旅遊在前一年的表現結果概述。其內容包含世界頂級的旅遊目的地、出境旅遊地與頂級消費者之現況，以及未來的旅遊趨勢預測。

24 台開集團：台灣土地開發公司（Taiwan Land Development Corporation, TLDC），簡稱台開，爲台灣的不動產開發企業，創立於 1964 年，曾協助蔣中正政府開發 30 個工業區與多處商辦及住宅。1999 年，台開股票上市；2008 年，台開的政府持有股份被釋出，並進行董事及監察人改選，由邱復生當選董事長，集團旗下擁有台灣創新、台灣綠建、台灣工商、築空間、u-home 生活體驗館、風獅爺商店街等子公司，全面積極推動「文化創意、科技創新」理念。台開集團與 ibis 合作，於花蓮打造「新天堂樂園 2」養生居，可售後回租，另有「洄瀾山居」，規劃 23 層 279 戶的樂齡養生共生宅，吸引首購族群、投資族群、退休養生族群移居花蓮。

25 中華人民共和國文化和旅遊部（2019 年 12 月）。《2019 第三季度全國星級飯店統計公報》。取自 http://www.gov.cn/shuju/201902/02/content_5363386.htm

26 開放天空協議（Open Skies Agreement, OSA）：在國際民航業中，在本國以外的其他國家所取得的飛越、經停或在他國上下旅客、貨物，以及郵件的權利，一般被稱作「航權」，亦

被稱為「空中自由」（Freedoms of the Air），按其方式和權限劃分通常有八大航權，有許多相關的規範。簡言之，天空開放即是將航權及限制放寬，以台日的開放天空協議而言，雙方在飛航的航空公司家數、航點及航班都大幅開放。

27 劉煥彥（2019 年 12 月），〈別說台灣是鬼島，為何日客來台首破 200 萬人原因這四個〉，《今周刊》。取自：https://www.businesstoday.com.tw/article/category/80392/post/201912130041/

28 台灣 30 強世界文化遺產 ：日本海外促進協議會〔Japan Outbound Tourism Council, JOTC（アウトバウンド促進協議会）〕與日本旅行社、航空公司、日台觀光促進協會（日台観光促進協会）以及台灣觀光協會等，合作評選台灣 30 強世界級遺產潛力點，旨在瞄準台灣新的旅遊地區，挖掘文化、歷史、自然等觀光素材並商品化，擴大來台旅客的遊程需求。台日評選的台灣 30 強世界級遺產潛力點包含：高美濕地；澎湖群島；太魯閣國家公園；野柳地質公園、和平島地區；八田與一、烏山頭水庫；阿里山、阿里山森林鐵道；日月潭；九份地區（水湳洞、金瓜石、九份礦業遺跡）；台三線浪漫大道（客家文化）；台北市博愛特區的歷史建築物（總統府、迎賓館、台灣銀行、中正紀念堂等）；台東縣三仙台；霧峰林家花園；台灣鐵道遺產（彰化扇形車庫、台北機廠等）；安平古堡、安平樹屋、四草生態文化園區；老梅綠石槽；宜蘭設治紀念館、西鄉廳憲德政碑、礁溪溫泉、龜山島；馬祖島戰地文化、藍色眼淚；金門歷史、閩南文化；墾丁國家公園；花蓮日本移民村；國立故宮博物館；南投忘憂森林、神木；The One 南園人文客棧；鹿港；淡水周邊歷史地區；北港朝天宮、製糖業、布袋戲（虎尾）；霧台魯凱族、排灣族部落（石板屋聚落）；蘭嶼聚落與自然；高雄佛光山、佛陀紀念館；綠島、小琉球。

29 引自 201901-12 觀光旅館營運月報（2020 年 4 月 6 日）。資料來源：https://admin.taiwan.net.tw/FileUploadCategoryListC003330.aspx?CategoryID=0dcf358f-f875-452d-8d14-2b715d02ab1a&appname=FileUploadCategoryListC003330

30 義大利 A' Design Award：此設計大獎是全球重要設計比賽，給予全球來自各個創意領域及不同範疇的優秀設計師相互競逐之機會。此大獎的最終目的是推動全球設計師、企業和品牌交流，並期許創造卓越的產品造福社會。

31 Carlson：1938 年柯蒂斯・卡爾森（Curtis L. Carlson）在美國明尼蘇達州的明尼阿波利斯成立 Carlson Group（卡爾森集團），為美國最大觀光旅遊公司之一，列世界 500 強。目前擁有多個酒店品牌，如：Radisson（麗笙）、Park Plaza（麗亭）、Park Inn（麗柏）、Country Inn（麗怡），以及專營企業旅遊的 Carlson Wagonlit Travel（卡爾森嘉信力旅遊）。2008 年全球金融海嘯後，Carlson 感受到極大財務壓力，把經營重心放在價格較便宜的三星級旅館，而把營運難度較高的頂級酒店品牌（如：Regent）出售。2014 年也將其自 1975 年即擁有的 TGI Fridays 售予 Sentinel Capital Partners（同時擁有 Taco Bell、Pizza Hut 等品牌）和

TriArtisan Capital Partners，更專注在酒店及旅行業務經營。2016 年卡爾森將全部股權賣給大陸的海航旅遊，股權賣出總金額未向市場透露，另外海航旅遊也買下了卡爾森集團位於布魯塞爾的雷茲多酒店集團（Rezidor Hotel）51.3%股權。海航集團前身是大陸海南航空控股有限公司，總部位於海南省海口市。2017 年海航集團躍居《財富》世界 500 強榜單第 170 名。2018 年卡爾森酒店集團（Carlson Rezidor Hotel Group）集團改名稱爲麗笙酒店集團（Radisson Hotel Group）作爲商號，並與大陸攜程旅行網簽署全球戰略合作夥伴協議，此合作爲亞太地區最大的在線旅遊公司與全球最大的酒店集團之一連結在一起，共同發展全球旅遊布局。通過此項合作，雙方公司共同開拓麗笙酒店集團高端品牌酒店在全球的發展；此外，攜程網與麗笙酒店集團攜手將大陸市場打造成爲其全球酒店的重要客流來源。

32 品牌特許權：品牌特許經營是一種以契約形成的經營方式，特許人將品牌使用權授權給被特許人，允許被特許人在一定時期和地域範圍內使用特許品牌進行經營。它可以讓特許人與被特許人共用品牌的收益，尤其是對特許人，可以在品牌的特許使用過程中發展品牌，使品牌增值。這種品牌經營方式是一種低成本、低風險的品牌延伸。

33 引自黃冠穎（2014 年 12 月 1 日），〈晶華三金雞抓住旅客〉，《經濟日報》，台北市。

34 《獲利世代》：是亞歷山大・奧斯瓦爾德（Alexander Osterwalder）等人所完成的出版計畫，前後耗時九年，動員超過 45 國、470 位專家參與，是一本完美結合圖像思考與經營策略的趨勢工具書。書中以充滿創新與趣味的圖文，有系統地教導讀者如何成功推出商品與服務。2010 年出版後受到歡迎，被翻譯成 30 種以上的語言發行。

35 關係資本（Relationship Capital）：是指組織與外部夥伴建立關係的無形資產。組織可以藉由與其他組織建立關係，並從中取得互補性資源與能力，方可創造組織更多的價值與競爭優勢。

36 OEM：原廠委託製造（Original Equipment Manufacturing）：廠商雖以自己的商標（Trade Mark）銷售，如：宏碁（Acer）的筆記型電腦，但產品實際上是由另一製造商，如：廣達電腦所幫忙生產製造。

37 ODM：原廠委託設計（Original Design Manufacturing）：相對於 OEM 而言，委託製造商（如：廣達電腦）不再只停留於代工層次，而是在生產能力達到一定水準後，也能自行設計新產品，但最後還是以宏碁（Acer）的商標販售產品。

38 OBM：自有品牌生產（Own Branding and Manufacturing）：也被稱作原創品牌設計，是指生產商建立自有品牌，並以此品牌行銷市場的一種做法。從設計、採購、生產到販售，皆由單一公司獨立完成。

39 宏達電：宏達國際電子股份有限公司（HTC Corporation）於 1997 年成立，是台灣一家智慧型手機、平板電腦製造商，也是行動通訊產業中的創新領導者。於 2011 年手機出貨量高達 4500 萬隻，獲得「2011 年最佳手機公司」殊榮，當時的股價最高曾到達 1,300 元。近年來面臨智慧型手機的市場競爭與科技快速發展的挑戰，曾經是台灣手機市場驕傲的宏達電改變了產品策略，致力往虛擬實境（Virtual Reality, VR）產業發展，並在 2018 年參加在倫敦舉行之 VR AWARDS，獲得「年度最佳 VR 頭戴式顯示器」殊榮，也以 2.67 億美金品牌價值入選當年「台灣 20 大國際品牌」，名列第 14。然而 VR 領域的發展遠不如預期，至今絕大多數應用仍止步於遊戲，在這塊領域的成就，依然挽回不了在手機市場所失去的一切。近年來 HTC 不斷衰退，股價跌落到低於 40 元，手機市占率僅剩下 0.05%，HTC 的式微，執行長 Maitre 歸咎於在錯誤時機將所有資源投入 VR 技術研發的決定。

40 股本（Capital Stock）：股本又稱資本，是公司創立時期所有股東所投入的資本，可能是現金，也可能是廠房設備。換言之，是股東繳足資本並向主管機關登記的股本總額，通常會登記在公司執照及章程中。公司必須維持資本的完整，除非依法辦理減資，不得將股本退回股東，更不可將資本作為股息紅利分配。

41 每股淨值（Book Value Per Share）：指企業在變賣所有資產並償付債權人債務後，所剩餘的部分。觀念上是公司可以分配給每一股（普通股）股東的金額。每股淨值的計算公式如下：（淨值－特別股股本）／普通股股本，為衡量企業經營績效的財務指標之一。

42 股東權益（Shareholders Equity）：指公司總資產中扣除負債所餘下的部分，是一個很重要的財務指標，它反映了公司的自有資本。當資產總額小於負債總額，公司就陷入了資不抵債的境地，這時，公司的股東權益便消失殆盡。如果實施破產清算，股東將一無所得；相反地，股東權益金額越大，這家公司的實力就越雄厚。

43 惡意併購（Hostile Merger）：指併購方不顧目標公司的意願而採取非協商購買的手段，強行併購目標公司，或者併購公司事先並不與目標公司進行協商，而突然直接向目標公司股東開出價格或收購。

「為什麼要做這一件事？」

它是漫長的付出與堅持，從 2010 年到 2017 年

只是，十家頂尖企業個案撰寫，卻一直看不到那個終點……

夢想，就是這麼一回事，No pains, no gains!

我們專訪兩岸超過 32 位企業創辦人、董事長、CEO、高階主管

為了更深入，超過 28 位中階主管、基層員工也被我們叨擾了一番

7 年來，每週的個案會議，用盡 20 多位參與夥伴的腦力、體力、洪荒之力

這件事呢，一輩子做一次就好！

而，「為什麼要做這一件事？」

因為我們的學生，需要更深度地向觀光餐旅企業學習

因為我們的企業，需要有更深入的標竿學習對象

終點，終於在眼前

謝謝香妃、玟妤、瑞倫、怡嘉、玫慧、振昌、佑邦、立婷、

亭婷、耀中、佩俞、宛雯、曉曼、宣麟、悉珍、思穎、重嘉、

敏婕、岱雯、晏瑄、家瑀、瑞珍、陳琦、同氏海一路相助

更要特別感謝這十家台灣原生的頂尖觀光餐旅企業

沒有您們的首肯及持續鼎力協助，也很難做下去

如此精采，我們衷心感謝：（按完成順序）

好樣、易遊網、薰衣草森林、王品集團、晶華國際酒店集團、

老爺酒店集團、欣葉國際餐飲集團、雄獅集團、飛牛牧場、中華航空公司

王國欽　再版謹書于師大
2020 年

兩岸頂尖企業專訪與個案研究 75023

晶華國際酒店集團的故事【第二版】

作者：王國欽、駱香妃、陳玟妤、陳瑞倫

執行編輯：陳文玲／總編輯：林敬堯／發行人：洪有義

出版者：心理出版社股份有限公司／地址：231 新北市新店區光明街 288 號 7 樓

電話：(02) 29150566 ／傳真：(02) 29152928

網址：http://www.psy.com.tw ／電子信箱：psychoco@ms15.hinet.net

郵撥帳號：19293172 心理出版社股份有限公司

排版者：菩薩蠻數位文化有限公司／印刷者：辰皓國際出版製作有限公司

初版一刷：2017 年 5 月／二版一刷：2020 年 9 月

ISBN：978-986-191-927-0 ／定價：新台幣 120 元

ISBN 978-986-191-927-0
00120

兩岸頂尖企業專訪與個案研究
Interviews and Case Studies of Elite Enterprises: Taiwan and Mainland China

老爺酒店集團的故事
第二版（2019 年版）

王國欽、駱香妃、陳玟妤、陳瑞倫　著

心理出版社

CONTENTS
目次

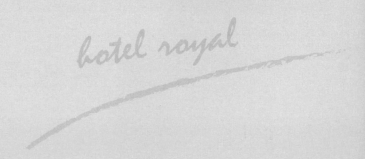